Ovid
Metamorphosen

Ausgewählte Texte,
zusammengestellt und bearbeitet von
Thomas Dold

SCRIPTA LATINA

Herausgegeben von Jörgen Vogel, Benedikt van Vugt und Theodor van Vugt

Schöningh

Titelbild: Anonymer Kupferstich, 18. Jahrhundert

Bildquellenverzeichnis

The Ambrose Collection at the University of Vermont: S. 42; Archiv für Kunst und Geschichte, Berlin: Titel, S. 52; Kunstarchiv Arntz, Haag/Obb.: S. 74; Galleria Borghese, Rom: S. 41; Hope Greenberg, University of Vermont: S. 75; Knickerbocker Fine Arts Ltd., New York: S. 80; Museum Ludwig, Köln: S. 149; Museo Nazionale, Neapel: S. 61; Museo Nazionale, Tarquinia: S. 43; Giuseppe Papponetti, Sulmona: S. 12; Scala, Florenz: S. 88; Sammlung Schloss Windsor: S. 34; Staatliche Antikensammlung, München: S. 151, S. 152; Gerhard Stawa, Pullach: S. 8; Universitätsbibliothek Eichstätt: S. 25, S. 29, S. 57; Vatikanische Bibliothek, Rom: S. 85; © VG Bild-Kunst, Bonn 2002: S. 148 (Privatbesitz, Murnau), S. 150 (Municipal Museum of Art, Toyota); weitere: Verlagsarchiv Schöningh.

Sollte trotz aller Bemühungen um korrekte Urheberangaben ein Irrtum unterlaufen sein, bitten wir darum, sich mit dem Verlag in Verbindung zu setzen, damit wir eventuell notwendige Korrekturen vornehmen können.

www.schoeningh-schulbuch.de
Schöningh Verlag, Jühenplatz 1–3, 33098 Paderborn

Druck 7 6 5 / Jahr 2011 10 09
Die letzte Zahl bezeichnet das Jahr dieses Druckes.

Umschlaggestaltung: Anna Braungart
Druck und Bindung: westermann druck GmbH, Braunschweig

ISBN 978-3-14-010904-8

„virtus scriptaque sola manent“

(Konrad Celtis, epigr. II 46)

Vorwort

Die vorliegende Schulausgabe enthält mit 14 Einzeltexten aus Ovids „Metamorphosen“ eine repräsentative Auswahl, die sich an Ovids Prinzip der Variatio orientiert. Dieses Stilprinzip zeigt sich nicht nur im Wechsel der Hauptpersonen, die an unterschiedlichen Orten und zu verschiedenen Zeiten auftreten, sondern auch in den unterschiedlichen Stilarten und in den mannigfachen Arten von Verwandlungen.
Die Textauswahl erlaubt daher eine abwechslungsreiche Lektüre und lässt dem Unterrichtenden genügend Spielraum für eine eigene Schwerpunktsetzung.
Um deutlich zu machen, dass die jeweiligen Einzelgeschichten Teil eines fortlaufenden Ganzen (carmen perpetuum) sind, ist ihnen eine kurze Einleitung als Einbettung in den Gesamtzusammenhang vorausgeschickt.
Die Textauswahl beruht auf folgenden Ausgaben: P. Ovidii Nasonis Metamorphoses. Ed. W. S. Anderson. Leipzig 1977 und P. Ovidius Naso, Metamorphosen, Lateinisch/Deutsch, übers. und hg. von M. v. Albrecht.

Neben den einzelnen Gedichten enthält diese Textausgabe:
- eine **Einleitung** zum historisch-politischen Hintergrund und zur Biographie Ovids;
- eine **Einführung in Prosodie, Metrik und Stilistik;**
- **Arbeitsaufträge und Fragen** zu den einzelnen Texten, die zur sprachlichen und inhaltlichen Erschließung beitragen und das Verständnis vertiefen wollen;
- **Begleittexte und Bildmaterialien,** die zum Vergleichen, Beurteilen und zur eigenen Stellungnahme anregen sollen;
- ein **Eigennamenverzeichnis**, das alle vorkommenden Eigennamen erklärt;
- eine **Landkarte** zur Lokalisierung der Orte und Gegenden, die in den einzelnen Metamorphosen genannt sind;
- **Literaturhinweise und Internetadressen** zur weiterführenden Beschäftigung mit Ovid und der römischen Antike.
- Wie die anderen Ausgaben der Reihe „Scripta Latina“ enthält auch diese Ausgabe ein **Lernvokabular,** das für jeden Text der „Metamorphosen“ den Grundwortschatz erfasst. Ausgenommen sind die Pronomina, die Präpositionen und selbstverständliche Vokabeln wie z. B. pater, mater, dicere etc.

So ist es möglich, vor der Lektüre das entsprechende Vokabular gezielt zu wiederholen und dadurch die lexikalischen Probleme zu verringern. Wer erkennt, dass sämtliche Vokabeln des Lernvokabulars für die folgende Übersetzung genutzt werden können, wird dieses Angebot gerne annehmen.
Dieses wiederholende Vokabellernen erleichtert zudem das Textverständnis und trägt darüber hinaus dazu bei, auch bei der Dichterlektüre den Grundwortschatz zu festigen und zu vertiefen, was sich auf den weiteren Lateinunterricht sicherlich positiv auswirkt.

- Der **sub-linea-Kommentar** ist auf das Lernvokabular abgestimmt. Er enthält neben sprachlichen Hilfen und sachlichen Erklärungen die lateinischen Wörter, die nicht im Lernvokabular aufgeführt sind.

Inhaltsverzeichnis

Einleitung

1. Historisch-politischer Hintergrund

Anders als die Dichter Vergil (70-19 v. Chr.) und Horaz (65-8 v. Chr.), die das Chaos der Bürgerkriege miterlebten und in ihren Werken beklagten (Vergil: z. B. Ecloge 1 und 9, Georgica I 463-514; Horaz: z. B. Epode 7 und 16), wuchs Ovid in einer Epoche auf, die jene blutigen Wirren weitgehend überwunden hatte.
Die Schlacht bei Aktium (31 v. Chr.), in der Oktavian über Antonius und Kleopatra siegte und damit den Kampf um die Alleinherrschaft im Römischen Reich zu seinen Gunsten entschied, bedeutete das Ende der Bürgerkriege. Die Konsolidierung der Macht Oktavians, der 27 v. Chr. den Beinamen Augustus erhielt, leitete eine Friedenszeit ein, die als ‚Pax Augusta' bezeichnet wird. Während noch Horaz aus Verzweiflung über das Grauen der Bürgerkriege der römischen Wirklichkeit entfliehen wollte (Epode 16), fühlte sich Ovid als Repräsentant des modernen Lebens in Rom. Als Kind des Friedens verkörperte er eine aufgeklärte Generation, deren Lebensstil von Muße und der Verfeinerung des Geschmacks geprägt war (vgl. Ars amatoria 3, 121 ff.).

2. Biographie

P. Ovidius Naso wurde am 20. März 43 v. Chr. in Sulmo (Mittelitalien) geboren. Sein Vater, ein wohlhabender Mann des Ritterstandes, schickte ihn als 13- bis 14-Jährigen nach Rom, wo er sich durch das Studium der Rhetorik auf eine politische Karriere (cursus honorum) vorbereiten sollte. Nach Studienaufenthalten in Athen, Kleinasien und Sizilien bekleidete Ovid die Ämter eines Triumvir und eines Decemvir, wo er als Richter in Zivilangelegenheiten tätig war (vgl. W. Kraus, S. 69). Allerdings wurde ihm bald klar, dass er nicht für den Staatsdienst, sondern für den Musendienst berufen war, denn alles, was er schrieb, wurde zum Vers (et quod temptabam dicere, versus erat; Trist. IV 10,26).
Ovids erstes Werk „Amores" (Liebeselegien) machte ihn mit einem Schlag bekannt und begründete seinen Ruhm. Nach der verloren gegangenen Tragödie „Medea" wandte er sich mit den „Heroides" und der „Ars amatoria" wieder der Liebesdichtung zu, die ihm später zum Verhängnis werden sollte. Als Ovid mit dem „Metamorphosen" und den „Fasti" auf dem Höhepunkt seiner dichterischen Laufbahn angelangt war, verhängte Augustus über ihn die relegatio auf Lebenszeit. Dies bedeutete, dass Ovid weiter im Be-

sitz des römischen Bürgerrechts und seines Vermögens blieb, er jedoch in einem Randgebiet des Römischen Reiches, in Tomi (heute: Konstanza) am Schwarzen Meer, den Rest seines Lebens im Exil verbringen musste. Ovid selbst nennt zwei Gründe, ohne sie näher zu erläutern: carmen et error (Trist. II 207). Unter carmen wird Ovids Liebesdichtung im Allgemeinen und die „Ars amatoria" im Besonderen verstanden, stand doch dieses Lehrgedicht über die Kunst der Liebe im Widerspruch zu der von Augustus proklamierten sittlich-moralischen Erneuerung der römischen Gesellschaft. Beim error gehen die Vermutungen in zwei Richtungen. Zum einen wird Ovids Mitwisserschaft in einer Liebesaffäre von Augustus' Enkelin Julia, zum anderen auch eine politische Intrige im Zusammenhang mit Agrippa Postumus, dem direkten Nachkommen des Augustus, vermutet (vgl. W. Kraus, S. 75).
Machte sich Ovid zunächst Hoffnungen auf eine Revidierung des Urteils, musste er bald erfahren, dass nicht nur seine Werke aus den öffentlichen Bibliotheken entfernt wurden, sondern dass auch alle seine Bemühungen um eine Begnadigung erfolglos blieben.
Die im Exil verfassten Werke sind Ausdruck einer aufgezwungenen Lebenslage, in der Ovid all das entbehren musste, was sein früheres Leben in Rom ausgemacht hatte. Ohne Rom je wieder gesehen zu haben, ist Ovid im Jahre 17 n. Chr. in Tomi gestorben.

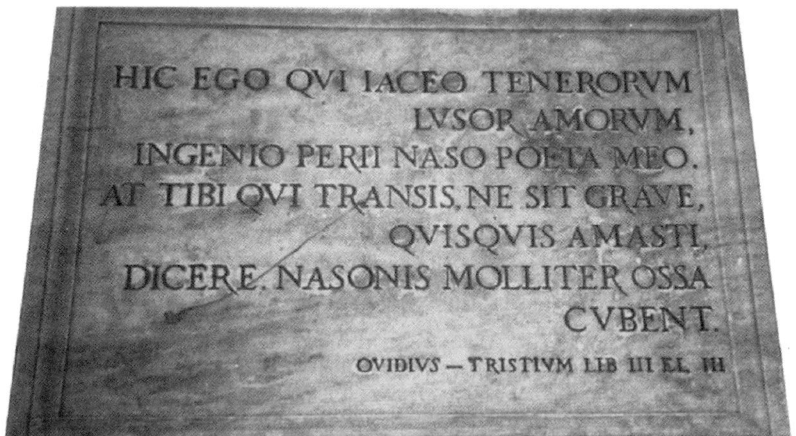

Die von Ovid gewünschte Grabinschrift am Sockel seines Denkmals in Tomi, heute Konstanza/Rumänien.
Die Verse stammen aus Ovids Werk „Tristien" (III 73-76).
Übersetzung der Grabinschrift:
„Ich, der ich hier liege, verfasste zärtliche Liebesgedichte als heiteres Spiel; durch mein eigenes Talent ging ich, der Dichter Naso, zugrunde. Solltest du aber, der du vorbeikommst, je geliebt haben, dann möge es dir nicht schwer fallen zu sagen: Die Gebeine Nasos mögen sanft ruhen!"

3. Ovids Werke

Die Werke Ovids lassen sich in drei Gruppen unterteilen:
a. Liebesdichtungen
b. Erzählende Dichtungen
c. Exildichtungen

a. Die Liebesdichtungen

Ovids erstes Werk ist eine Sammlung von Liebeselegien mit dem Titel „**Amores**", die 20 v. Chr. veröffentlicht wurden. Damit folgte er den beiden Meistern dieser Gattung, Tibull (50-19 v. Chr.) und Properz (50-15 v. Chr.), die ihr Verfallensein an ihre Geliebte (servitium amoris) in den Mittelpunkt ihrer Gedichte stellten. Ovids eigene Handschrift in den „Amores" wird darin sichtbar, dass er das existenzielle Drama der elegischen Liebe als Spiel betrachtet. Ironie und intellektuelle Distanz treten an die Stelle des Pathos (vgl. G. B. Conte, S. 217).
Es folgten die „**Heroides**", eine Sammlung von Briefgedichten, die berühmte Frauen des griechischen Mythos (Heroinen) an ihre fernen Liebhaber oder Ehemänner adressierten.
Die 1 n. Chr. veröffentlichte „**Ars amatoria**" (Liebeskunst) ist ein Ratgeber für die Liebespraxis. Die freizügige Tendenz der „Ars amatoria" musste insbesondere bei Augustus Anstoß erregen, der sich für die Rückkehr zu einer traditionellen Sexual- und Ehemoral stark machte. Folgende Punkte verdeutlichen den Gegensatz zwischen der „Ars amatoria" und Augustus' restriktiver Haltung zu Sitte und Moral: Augustus führte eine nach Geschlechtern getrennte Sitzordnung im Theater ein (vgl. Sueton, Augustus 44). Für Ovid ist neben dem Zirkus das Theater der geeignete Ort, um mit anderen Frauen in Kontakt zu kommen (Ars I 89 ff.). Augustus bekämpft per Gesetz den Luxus und fördert traditionelle Kleidung (vgl. Sueton, Augustus 40). Ovid beschreibt die Schönheitspflege und den Reiz der weiblichen Kleidung (Ars III 101 ff.). Augustus erlässt strenge Ehegesetze, um u. a. den Ehebruch einzudämmen (vgl. Sueton, Augustus 34). Ovid lehrt den Ehebruch (vgl. Ars II 387 ff.).

b. Die erzählenden Dichtungen

Nach der erotischen Dichtung wandte sich Ovid den „Metamorphosen" (s. Pkt. 4) und den „Fasti" zu, in denen er die Mythen und Bräuche Latiums anhand des römischen Festkalenders darstellt. Ursprünglich auf 12 Bücher konzipiert, sind nur sechs Bücher der „Fasti" entstanden, da Ovids Verbannung die Fertigstellung vereitelte.

c. Die Exildichtungen

Im Exil am Schwarzen Meer kehrte Ovid in den „Tristia“ und den „Epistulae ex Ponto“ wieder zur Elegie zurück. An die Stelle von raffinierten Liebesgedichten traten nun Ovids bittere Erfahrungen als Verbannter in einer unwirtlichen Fremde. Im Unterschied zum Unterhaltungscharakter seiner früheren Dichtungen entdeckte Ovid die existenzielle Bedeutung seiner Dichtung, mit der er auf seine Lage aufmerksam machen wollte, um die Aufhebung der relegatio zu erreichen.

4. Ovids Metamorphosen

Die „Metamorphosen“ gelten als Höhepunkt von Ovids literarischem Schaffen. Komponiert in 15 Büchern mit einem Gesamtumfang von 11995 Versen, sind die „Metamorphosen“ zugleich Ovids umfangreichstes Werk.
Die „Metamorphosen“ gehören zur Gattung des Epos, da es sich um eine breit angelegte Erzählung in Hexametern handelt. Der griechische Dichter Homer (um 800 v. Chr.) hat mit seinen beiden Epen „Ilias“ (Kampf um Troja) und „Odyssee“ (Irrfahrten des Odysseus) das Vorbild geschaffen.
Der römische Dichter Vergil (70-19 v. Chr.) blieb mit seinem Epos „Aeneis“ (29-19 v. Chr.), das die Geschichte des römischen Stammvaters Aeneas schildert, ganz in der Tradition Homers.
Während allerdings bei den klassischen Epen der Handlungsstrang der Erzählung über eine Hauptperson (z. B. Aeneas) gebildet wird, sind die „Metamorphosen“ eine Sammlung von ungefähr 250 verschiedenen Erzählungen mit unterschiedlichen Hauptpersonen.
Die Gesamtkomposition in 15 Büchern lässt sich anhand der Personen in drei Gruppen zu je fünf Büchern unterteilen. Dominieren in den Büchern I-V vor allem Götter, so beherrschen hauptsächlich Helden (Heroen) die Bücher VI-X. Mit der Gründung Trojas im Buch XI stehen bis zum Buch XV in erster Linie Herrscher im Mittelpunkt der Erzählungen.
Das Thema, das den einzelnen Geschichten zu Grunde liegt und sie miteinander verknüpft, ist das der Verwandlung (griech.: Metamorphosis). Mit den verschiedenartigen Metamorphosen deckt Ovid Ursprünge (Aitia) von Erscheinungen auf, die ihren Grund in einer Verwandlung haben.
Der Dichter selbst bezeichnet sein Werk als ein perpetuum carmen, da es dem Leser die Weltgeschichte als eine fortlaufende Folge von Verwandlungen vor Augen führt. Die „Metamorphosen“ beginnen mit den Mythen der Urzeit (Entstehung des Kosmos, Weltalter, Sintflut), durchqueren die mythische Zeit (Sagen z. B. über Apoll, Jupiter und Europa, Latona, Daedalus, Orpheus, Pygmalion, Midas) und stellen mit dem Sagenkreis um den Trojanischen Krieg den Anschluss an die historische Zeit her. Über die Aeneas-Sage reicht das

Werk mit der Apotheose des Augustus bis in die Gegenwart Ovids. Auch erzähltechnisch zeigt sich der ununterbrochene Fluss der Erzählung darin, dass Ovid es vermeidet, das Ende einer Erzählung mit dem Ende eines Buches zusammenfallen zu lassen. Vor dem Ende eines Buches wird in Form einer neuen Person oder eines neuen Gedankens ein neuer Faden gesponnen, der sich im folgenden Buch fortsetzt. Durch diese Art der Verknüpfung ergibt sich der Eindruck eines natürlich fortlaufenden Textgewebes.

Trotz des Grundthemas der Verwandlung präsentieren sich die „Metamorphosen" als ein Kaleidoskop von verschiedensten Inhalten. Der thematischen Vielfalt entspricht der Farbenreichtum an Tönen und Stilarten. Dementsprechend wechselt Lyrisches mit Elegischem, dramatisches Pathos mit possenhafter Groteske, epische Feierlichkeit mit bukolischer Idylle, epigrammatischer Witz mit philosophisch Lehrhaftem.

Insgesamt will Ovid „... die *Metamorphosen* zur *summa* aller Literatur machen, von Homer über die Tragödie Athens und Roms bis zu seinen Zeitgenossen" (G. B. Conte, S. 220).

Im Unterschied zu Vergil, der mit seinem Epos „Aeneis" die geschichtliche Mission Roms rechtfertigte und die Person des Augustus pries, fehlt den „Metamorphosen" der Sinn für die geschichtliche Wirklichkeit des Mythos. Ovid schließt zwar mit dem Preis des Augustus, doch nimmt dies im Gesamten einen verschwindend geringen Raum ein. Außerdem ist Ovids Schilderung von Göttern und Helden „... nie frei vom Verdacht der Ironie. ... Fern jeglicher religiösen Ehrwürdigkeit ist der Mythos für Ovid reine Literatur" (G. B. Conte, S. 219).

Ovids Interesse gilt vor allem der Schilderung von Gefühlen und Leidenschaften, der Beschreibung des Übergangs von alter zu neuer Form und dem Ausmalen paradoxer und spektakulärer Situationen.

Durch diese Art der Darstellung erweist sich Ovid als Repräsentant seiner Zeit und ihrer götterlosen hauptstädtischen Gesellschaft, die raffinierten Lebens- und Kunstgenuss über alles stellte (vgl. M. Fuhrmann).

Gleichzeitig betrat Ovid mit den „Metamorphosen" literaturhistorisches Neuland. Die Gesamtkonzeption des perpetuum carmen (I, 4) in 15 Büchern, die ein fortlaufendes Handlungsgeschehen von Anbeginn der Welt bis zu Ovids Zeit darstellen, wie auch das heroische Versmaß des Hexameters sind wesentliche Merkmale epischen Erzählens.

Andererseits entlehnte Ovid seine Verwandlungsgeschichten u. a. den „Metamorphoseis" des Nikander von Kolophon (Mitte des 3. Jh. v. Chr.) und den „Aitia" des Kallimachos (310-240 v. Chr.). Beide waren hellenistische Dichter, die das traditionelle Epos als zu plump ablehnten und ausschließlich kurzen, dafür aber stilistisch ausgefeilten Erzählungen literarischen Rang zubilligten. Von Kallimachos stammt der Satz „Ein dickes Buch ist ein großes Übel" (frg. 465, ed. Pfeiffer). In der Tat bestehen die „Metamorphosen" aus kleinen, kunstvoll gestalteten, immer neu variierten, immer anders verknüpften

Szenen (vgl. F. Bömer, 1969, S. 14). Der römischer Dichter Catull (84-54 v. Chr.) war der erste namhafte Repräsentant dieser Richtung in der lateinischen Literatur. Das Thema der Metamorphose als auch deren künstlerische Gestaltung sind daher hellenistisch.
Diese hellenistische Tradition klingt bereits im Prooemium der „Metamorphosen" im Imperativ (carmen) deducite an (I, 4). Das Verb deducere, das u. a. das Spinnen von Wollfäden bezeichnet, verweist in metaphorischer Verwendung auf das Verfassen von Kleinpoesie. Im sechsten Hirtengedicht Vergils findet man den Ausdruck deductum carmen (Bucolica VI, 5) in der Bedeutung ‚ein feingesponnenes Gedicht' (vgl. N. Holzberg, S. 124).
Damit sind die „Metamorphosen" ein Werk, in dem Ovid den Gegensatz von klassischem Epos und hellenistischer Poesie auflöst und in ein neues Ganzes verwandelt. Den Ausdruck ‚in nova...mutatas...formas...corpora' aus dem Prooemium kann man daher auf Ovids „Metamorphosen" beziehen, da sie sich selbst als eine Metamorphose zu erkennen geben.
Als Ovid im Jahr 8 n. Chr. von Kaiser Augustus verbannt wurde, waren die „Metamorphosen" zwar weitgehend fertig gestellt, doch nur im Freundeskreis in privaten Abschriften verbreitet. Da die „Metamorphosen" erst nach Ovids Weggang aus Rom veröffentlicht wurden, betonte er, dass die „Metamorphosen" mit Nachsicht zu lesen seien, da sie ihm mitten im Schmieden vom Amboss entrissen worden seien (trist. 1,7,24 f.).

Ovid-Statue in Sulmona von Ettore Ferrari, 1887

5. Wirkungsgeschichte

Obwohl von Augustus aus den öffentlichen Bibliotheken verbannt, entfalteten die Werke Ovids eine ungebrochene Ausstrahlung auf die Nachwelt und bestätigten Ovids Voraussage seiner Unsterblichkeit.
Die Gründe für Ovids Popularität liegen in seiner Art des Erzählens, die geprägt ist von plastischer Anschaulichkeit, von psychologischem Feingespür und von pointierter Ausdrucksweise. Insbesondere die Geschichten seiner „Metamorphosen", die zum „Schatzhaus für die abendländische Dichtung, Kunst und Musik" (M. Giebel, S. 70) wurden, galten zu allen Zeiten als eine nie versiegende Quelle künstlerischer Inspiration.
So fußt z. B. die mittelalterliche Idee der ritterlichen Minne im „Roman de la Rose" (1225-1230) auf den ovidschen Liebeselegien. Im Zeitalter der Renaissance schöpften Autoren wie Giovanni Boccaccio (1313-1375) und Ludovico Ariosto (1474-1533) den Stoff ihrer Novellen aus den mythologischen Erzählungen Ovids. Sein Einfluss reicht von William Shakespeare (1564-1616) über Goethe (1749-1832) bis in die Gegenwart zu Romanen wie „Die letzte Welt" (1988) von Christoph Ransmayr und „Athena" (1996) von John Banville.
Im Bereich der Musik sei daran erinnert, dass die Oper mit Jacopo Peris „Dafne" (1598) und Claudio Monteverdis „Orpheus" (1607) ihre Geburtsstunde erlebte. Als Beispiel aus der Neuzeit seien die „Metamorphosen" (1945) von Richard Strauß (1864-1949) und Benjamin Brittens (1913-1976) „Six metamorphoses after Ovid" (1951) erwähnt.
Die nachhaltigste Auseinandersetzung mit den „Metamorphosen" fand und findet allerdings auf dem Gebiet der Bildenden Künste statt, die in allen Epochen der Kunstgeschichte sichtbar ist und von der zeitlosen Aktualität Ovids kündet.

6. Prosodie

6.1 Im Vergleich etwa zum Deutschen, das durch verschiedenen Atemdruck zwischen betonten und unbetonten Silben unterscheidet (akzentuierendes Prinzip), ist für die lateinische Sprache die Abfolge von langen und kurzen Silben (quantitierendes Prinzip) kennzeichnend.
Die **Prosodie** beschreibt die Regeln der richtigen Aussprache und der Quantität der Silben.
Wann ist eine Silbe lang (—), wann kurz (∪)?

6.2 Es gelten folgende **Quantitätsregeln:**
Eine Silbe ist lang (—),

a) wenn ihr Vokal lang ist (Naturlänge): **ā, ē, ī, ō, ū:**
z. B. **adspirāte** (I 3), **colēbat** (I 90), **dīcere** (I 1), **ōtia** (I 100), **tūti** (I 93).
Lang sind ebenfalls alle Diphtonge: **ae, ai, au, oe, oi**:
z. B. **aetas** (I 89), **coeptis** (I 2), **auris** (I 107).

b) wenn auf einen kurzen Vokal mehr als ein Konsonant im gleichen oder im nächsten Wort folgt (Positionslänge).
x[ks] und **z**[ds] gelten als je zwei Konsonanten, **qu** als einer;
h gilt nicht als selbstständiger Konsonant:
z. B. **traxit** (X 68): Die Silbe **tra-** ist lang.
z. B. **illam successit** (I 125): Die Silben **il-, -lam, suc-, -ces-** sind lang.
z. B. **fidem rectumque** (I 90): Die Silben **-dem, rec-, -tum-** sind lang.

c) Alle anderen Silben sind kurz (∪).
Ein Vokal ist kurz, wenn ein weiterer Vokal folgt:
z. B. **dĭū** (I 307), **sŭa** (I 491), **exitĭō** (I 146), **vacŭō** (I 533).

d) Sonderfall: Folgt auf einen kurzen Vokal in demselben Wort Muta **(b, p, d, t, g, c)** + Liquida **(l, r)**, so kann die Silbe als lang oder als kurz gelten:
z. B. **penetralia sacris** (I 287): **-ne-**: kurz; **-sa-**: lang
crura nec ablato (I 306): **-ab-**: lang
oraque caerulea patrium (VIII 229): **-pa-**: kurz.

e) **Faustregeln:**
- Endsilben auf **a** und **e** sind meist kurz. Ausnahmen: Abl. Sg.: in mensā, rē; Imperative: laudā, habē und Adverbien: longē, valdē.
- Endsilben auf **i, o, u** sind in der Regel lang.
- Konsonantisch auslautende Endungen sind in der Regel kurz. Ausnahmen bilden die Endungen auf **-as, -es und -os**, die lang sind (z. B. curăm im Gegensatz zu curās).
- Ebenfalls lang ist die Endung **-is** in den Kasusendungen des Plurals: fatis, nobis und hostis (als Akk. Pl.).

6.3 Mit der Quantität der vorletzten Silbe verbunden ist der **Wortakzent**. Nach dem sog. **Dreisilbengesetz** wird ein mehrsilbiges Wort auf der vorletzten Silbe betont, wenn diese lang ist, auf der drittletzten, wenn die vorletzte kurz ist:
z. B. lau-dā-mus, lau-dā-vi-mus.
Zweisilbige Wörter werden auf der vorletzten Silbe betont:
z. B. nēmo, pōssum.
Im Unterschied zu den modernen Sprachen, die bestimmte Silben durch lauteres Aussprechen betonen (exspiratorischer Akzent), wurde im Lateinischen eine Silbe durch die Aussprache in erhöhter Tonlage hervorgehoben (musikalischer Akzent). Im Laufe der Zeit begann sich das Sprachgefühl zu wandeln und der Sinn für Quantitäten ging verloren.

So hat man sich angewöhnt, jeweils die erste Länge eines Metrums zu betonen. Dieser Versakzent heißt **Iktus** (Schlag).

6.4 Das Zusammentreffen eines Vokals (+m) am Wortende mit einem (h+) Vokal am Beginn des folgenden Wortes nennt man **Hiat**.
In der Regel wird der Hiat vermieden durch die Verschmelzung der beiden Silben **(Synalöphe)**.
Bei der Synalöphe gibt es verschiedene Möglichkeiten:

a) **Elision:** Der auslautende Vokal (+m) wird unterdrückt:
z. B. **iamque opus** (XV 871): **e** fällt weg. Man liest **iam-quo-pus**.
multi illam (I 478): **i** fällt weg. Man liest **mult-il-lam**.
suaque illum oracula (I 491): **e** und **um** fallen weg. Man liest **sua-quill-oracula**.
perque hiemes (I 117): **e** und **h** fallen weg. Man liest **per-quiemes**.

b) **Aphärese:** ist das zweite Wort **es** oder **est** wird das **e** unterdrückt:
z. B. **auratum est** (I 470): Man liest **au-ra-tumst**.
nostra est (I 519): Man liest **nos-trast**.

c) **Synizese:** Zwei in einem Wort aufeinander treffende Vokale können als eine Silbe gelesen werden:
z. B. **de-in-de** wird gelesen als **dein-de**,
pe-i-o-ris (I 128) wird gelesen als **pe-jo-ris**.

7. Metrik

7.1 Aufgrund der Abfolge von kurzen und langen Silben bestand beim Vorlesen von Dichtung und Prosa kein Unterschied.
Während jedoch der Wechsel von kurzen und langen Silben in der Umgangssprache und der Prosa zur Entstehung eines mehr oder weniger zufälligen Rhythmus führte, war die Sprache der Dichtung gebunden an eine geordnete Abfolge der Quantitäten nach festgelegten rhythmischen Mustern.
Diese Gesetzmäßigkeiten definiert die **Metrik**, die Verslehre. Die Metrik beschreibt das **Metrum**, das **Versmaß**, die Untergliederung des **Verses** durch **Zäsuren** (Pausen) und die Verbindung der Verse zu **Strophen**.

7.2 Das **Metrum** ist die kleinste messbare und sich wiederholende Einheit im Vers. Ovid verwendet in seinen „Metamorphosen" folgende Quantitätsverbindungen:

a) Dáktylus	— UU	**corpora**	— UU
b) Spondéus	— —	**formas**	— —

7.3 Die regelmäßige Abfolge eines Metrums oder mehrerer verschiedener Metren ergibt das **Versmaß** einer Verszeile.
So ergeben sechs **Daktylen** (— UU) einen **Hexameter** (sechs Metren), das Versmaß der „Metamorphosen". Je zwei Kürzen (UU) können durch eine Länge (—) ersetzt werden. D. h. statt des Daktylus kann daher der **Spondeus** (— —) stehen.
Der fünfte (vorletzte) Versfuß ist in der Regel ein Daktylus. Liegt im fünften Versfuß ein Spondeus vor, spricht man von Versus spondiacus.
Der sechste (letzte) Versfuß ist immer nur zweisilbig, wobei die Schlusssilbe lang oder kurz sein kann U̲ (syllaba anceps).

Schema des Hexameters:

— — — —
— UU | — UU | — | UU | — UU | — UU | — U̲

7.4 Der Hexameter hat an bestimmten Stellen Pausen. Man unterscheidet zwei Arten von Pausen:

a) Man spricht von einer **Zäsur** (Einschnitt), wenn die Pause innerhalb eines Metrums auftritt.
Die häufigste **Zäsur** im Hexameter ist die nach der Länge des dritten Metrums, also nach dem ‚fünften Halbteil' (Penthemimerés):

— UU — UU — — — — — UU — —
z. B. **In nova fert animus | mutatas dicere formas** (I 1).

Auch die Zäsur nach dem ‚dritten Halbteil' (Trithemimerés) oft in Kombination mit dem ‚siebten Halbteil' (Hephthemimerés) ist anzutreffen:

— U U — UU — U U — — — U U — U
z. B. **sponte sua, | sine lege, fidem | rectumque colebat** (I 90).

b) Man spricht von einer **Diärese,** wenn die Pause am Ende eines Versfußes steht. Der häufigste Typ ist die sog. bukolische Diärese, die nach dem vierten Versfuß auftritt:

— UU — — — UU — — — UU — —
z. B. **mollia securae peragebant | otia gentes** (I 100).

7.5 Bedeutung der Metrik für die Interpretation
Durch die Variation von Daktylen und Spondeen wird zunächst ein monotoner Rhythmus vermieden. Darüber hinaus wird durch die bewusste Abfolge bestimmter Metren der Inhalt lautlich unterstrichen.

a) Ein Vers wie z. B.

— UU — —— U U — — — — — —

perque hiemes aestusque et inaequalis autumnos (I 117)
drückt durch die Vielzahl an Spondeen die beschwerliche Last der neuen Jahreszeiten aus; ebenso z. B. X 49.

b) Ein Vers dagegen wie z. B.

— UU — U U — U U — U U —U U — —

tectaque cumque suis rapiunt penetralia sacris (I 287)
betont durch die Dominanz an Daktylen das Reißende der Sintflut.

c) Die Verse

— — — U U — UU — — — U U — U

at Silenus abest titubantem annisque meroque

— UU — — — U U — — — UU — —

ruricolae cepere Phryges vinctumque coronis (XI 90 f.)
versinnbildlichen durch das Alternieren von Daktylen und Spondeen das Schwanken des betrunkenen Silenus.

8. Stilistik

Die Stilistik befasst sich mit der Frage, welche Ausdrucksweise ein Autor verwendet, um die Aussage eines Textes wirkungsvoll zu betonen.
Da es den antiken Autoren darauf ankam, die inhaltliche Aussage durch stilistische Wendungen auf formaler Ebene zu unterstützen, ist die Kenntnis der Stilmittel für den Leser wichtig, um die beabsichtigte Wirkung einer Formulierung zu bestimmen und den Zusammenhang von Inhalt und Form zu erkennen.

Die stilistischen Mittel lassen sich in zwei Gruppen einteilen:

I. **Tropen** (griech. ‚Wendungen'); dabei wird ein Wort durch ein vergleichbares Wort aus einem anderen Sinnbereich ersetzt.

II. **Figuren;** hierbei handelt es sich um bewusste Veränderungen gegenüber einer einfachen und schmucklosen Ausdrucksweise mittels bestimmter Wortgruppen oder -kombinationen. Man unterscheidet zwischen:
A. Stellungsfiguren
B. Sinnfiguren

Im Folgenden sind die Stilmittel aufgeführt, die uns bei der Lektüre von Ovids „Metamorphosen" begegnen.

I. Tropen

① **Antonomasie** (andere Namensnennung): Ersetzung eines Eigennamens durch eine Bezeichnung der Herkunft oder Abstammung.
Met.: **Cythereius heros** (XIV 584) für ‚Aeneas'.
Ebenso z. B. II 858; VI 346; XI 106.

② **Hypérbel** (Übertreibung): z. B. ‚Das dauert ja eine Ewigkeit!'
Met.: **carpitur adclivis per muta silentia trames**
arduus, obscurus, caligine densus opaca. (X 53 f.)
(Beschreibung des Aufstiegs aus der Unterwelt).

③ **Litótes** (Schlichtheit): Verstärkung der Aussage durch die Verneinung seines Gegenteils, z. B. ‚non ignorare' für ‚genau kennen'.
Met.: **nec ... negabo** (X 25) für ‚ich werde bekennen'.
Ebenso z. B. X 12, 292; XI 120.

④ **Metápher** (Übertragung): Ein Wort wird aus seinem eigentlichen Bedeutungszusammenhang in einen anderen übertragen. Beide Bereiche stehen in einem Vergleichsverhältnis, ohne dass ein direkter Vergleich vorliegt, z. B. ‚Flussbett', ‚Haupt der Familie'.
Met.: **viscera terrae** (I 495) ‚die Eingeweide der Erde' steht für ‚das Innere der Erde';
nox (IV 108) ‚Nacht' steht für ‚Tod'.
Ebenso z. B. I 495; IV 62; X 252 f.

⑤ **Metonymíe** (Wortvertauschung): Ersetzung eines Begriffs durch einen anderen, der zu ihm in inhaltlicher Beziehung steht, z. B. ‚Jung und Alt' für ‚alle'.
Met.: **amores** (IV 137) ‚Liebe' für ‚Geliebte': Abstraktum für Konkretum;
taedae (IV 60) ‚Hochzeitsfackeln' für ‚Ehe', ‚Hochzeit': Konkretum für Abstraktum.
Ebenso z. B. I 93; IV 119; XI 112.

⑥ **Periphráse** (Umschreibung): Ein Wort wird durch mehrere Wörter umschrieben; z. B. ‚König der Lüfte' für Adler.
Met.: **ille pater rectorque deum** (II 848) für ‚Jupiter'.
Ebenso z. B. VI 335, XIV 607.

⑦ **Personifikation** (Vermenschlichung von Begriffen oder leblosen Dingen): z. B. ‚Die Sonne lacht'.
Met.: **pinus descenderat** (I 95);
mulcebant Zephyri ... flores (I 108).
Ebenso z. B. I 129; IV 73.

⑧ **Synekdoché** (Mitaufnahme eines Ausdrucks durch einen anderen): Ein Begriff wird durch einen engeren oder weiteren Begriff ersetzt.

Am häufigsten ist **pars pro toto** ‚ein Teil für das Ganze', z. B. ‚ein schlauer Kopf' für ‚ein schlauer Mensch'.

Met.: **penates** (VIII 637) ‚Hausgötter' für ‚Haus'.
Ebenso z. B. I 134.

II. Figuren

A. Stellungsfiguren

Die freie Wortstellung des Lateinischen bringt es mit sich, dass der Autor nicht an eine bestimmte Wortfolge (z. B. **S**ubjekt - **O**bjekt - **P**rädikat) gebunden ist. Diese Freiheit erlaubt es dem lateinische Schriftsteller, bestimmte Wörter im Vers bewusst so zu platzieren, dass sie hervorgehoben werden. So sind z. B. die Anfangs- und Endstellung im Vers betonte Stellen.

a) *Figuren der Wortverbindung*

① **Asýndeton** (Unverbundenheit): Wörter oder Wortgruppen werden unverbunden, d. h. ohne Konjunktionen aneinander gereiht, z. B. ‚quadratisch, praktisch, gut'.

Met.: **sponte sua, sine lege, fidem rectumque colebat** (I 90).
Ebenso z. B. I 97 ff.; I 550 ff.

② **Polysýndeton** (vielfache Verbindung): Wörter oder Wortgruppen werden mehrfach durch Konjunktionen verbunden, z. B. ‚Und es wallet und siedet und brauset und zischt.'

Met.: **cumque satis arbusta simul pecudesque virosque**
tectaque cumque suis rapiunt penetralia sacris (I 286 f.).
Ebenso z. B. I 117 f., 129 f.

③ **Hendiadyoín** (Eins durch zwei): Ein und dieselbe Vorstellung wird durch zwei Begriffe derselben Wortart ausgedrückt, z. B. ‚bitten und betteln' für ‚inständig bitten'.

Met.: **poena metusque aberant** (I 91).
Ebenso z. B. I 273, 479; X 245.

④ **Hysteron proteron** (Späteres früher): Zeitlich Späteres liegt vor dem zeitlich Früheren.

Met.: **repurgat/et respergit aquis** (XIV 603 f.) – Das Reinigen liegt vor dem Besprengen mit Wasser.
Ebenso z. B. X 33; XIV 603 f.

⑤ **Enallagé** (Vertauschung): Ein Adjektiv wird nicht dem eigentlichen Bezugswort, sondern einem anderen, meist dem vorausgehenden Substantiv zugeordnet, z. B. ‚mit einem blauen Lächeln seiner Augen' für ‚mit einem Lächeln seiner blauen Augen'.

Met.: **timido Peneia cursu** (I 525).
Ebenso z. B. I 218; IV 100.

⑥ **Prolepse** (Vorwegnahme): Das Resultat eines Vorgangs wird vorweggenommen.
Met.: **in nova fert animus mutatas dicere formas/corpora** (I 1) – Die neuen Körper müssten auf die Verwandlung folgen.
Ebenso z. B. I 143; VIII 718 f.

b) Figuren der Worteinsparung

⑦ **Ellipse** (Auslassung): Leicht zu ergänzende Wörter werden ausgelassen.
Met.: **inminet exitio vir coniugis, illa mariti** (erg.: inminet exitio) (I 146).
Ebenso z. B. I 144 f.

c) Figuren der Worthäufung

⑧ **Epítheton ornans** (schmückendes Beiwort): Eine vom Inhalt her nicht unbedingt erforderliche Ergänzung (meist Adjektiv) wird einem Nomen beigefügt. Das Epítheton ornans ist Bestandteil des Wortschatzes der episch-tragischen Tradition; z. B. ‚der listenreiche Odysseus', ‚der fromme Aeneas'.
Met.: **aquaticus auster** (II 853).
Ebenso z. B. VIII 222.

⑨ **Klímax** (Leiter): Wörter oder Sätze werden im Sinne einer Steigerung angeordnet, z. B. ‚Heute Brot, morgen Fleisch, übermorgen Hummer'.
Met.: **insidiaeque et vis et amor sceleratus habendi** (I 131).
Ebenso z. B. I 274 ff.; VI 361 f.

d) Figuren der Wortwiederholung

Viele Figuren der Wortwiederholung werden verwendet, um durch den **Klang der Wörter** den Inhalt zu untermalen.

⑩ **Allíteration:** Mehrere aufeinander folgende Wörter beginnen mit dem gleichen Laut, z. B. ‚Meiner Mutter Herz ward wund von Blei.'
Met.: **sidereo siccata sitim** (VI 341).
Ebenso z. B. I 90, 103; IV 155; XV 879.

⑪ **Anápher** (Wiederaufnahme): Wiederholung eines Wortes oder einer Wortgruppe am Anfang von Sätzen oder Satzteilen, z. B.
‚Ich kam, weiß nicht woher,
Ich bin und weiß nicht wer,
Ich leb, weiß nicht wie lang,
Ich sterb und weiß nicht wann,
Ich fahr, weiß nicht wohin,

Mich wundert's, dass ich so fröhlich bin.'
(Magister Martinus in Biberach, 1498)
Met.: **non ... non ... non ...** (I 512 f.).
Ebenso z. B. I 98, 119, 121; XV 871 f.

⑫ **Anadiplose** (Verdoppelung): Das letzte Wort einer Sinneinheit wird als erstes der folgenden Sinneinheit wiederholt, z. B. ‚Vorbei ist das Glück, das Glück ist vorbei'.
Met.: **iamque nocens ferrum ferroque nocentius aurum** (I 141).
Ebenso z. B. VI 376; XI 109 f.

⑬ **Figúra etymológica** (Figur mit Wörtern des gleichen Stamms): Verbindung zweier Wörter des gleichen Stamms, meist Verb und Substantiv, z. B. ‚einen Kampf kämpfen', ‚das Leben leben'.
Met.: **ipsoque fit utilis usu** (X 286).
Ebenso z. B. X 3.

⑭ **Homoiotéleuton** (gleich endend): Gleiche Endsilben wiederholen sich.
Met.: **inque patris blandis haerens cervice lacertis** (I 485).
Ebenso z. B. I 103, 110, 495.

⑮ **Homoióptoton:** Mehrere aufeinander folgende Wörder haben die gleiche Endung und den gleichen Kasus.
Met.: **Aurea prima sata est** (I 89).
Ebenso z. B. I 559.

⑯ **Onomatopöíe** (Lautmalerei): Akustische Sinneseindrücke werden durch den Lautcharakter der Wörter nachgeahmt, z. B. ‚Es klappert die Mühle am rauschenden Bach: klipp, klapp'.
Met. (über das Quaken der Frösche):
quamvis sint sub aqua, sub aqua maledicere temptant (VI 376).
Ebenso z. B. I 143, 269.

⑰ **Paronomasie** (Wortumbildung): Wortspiel durch die Kombination ähnlich lautender Wörter.
Met.: **fit utilis usu** (X 286).

⑱ **Pleonasmus** (Überfluss): Sinngleiche oder sinnähnliche Ausdrücke werden überflüssigerweise wiederholt.
Met.: **iterum repetenda** (VIII 212).
Ebenso z. B. X 63, 288; XIV 586 f.

⑲ **Polyptoton:** Dasselbe Wort wird innerhalb eines Satzes in einem anderen Kasus wiederholt.
Met.: **oraque tandem/ore suo non falsa premit** (X 291 f.).
Ebenso z. B. X 293; XI 109, 111, 116 f.

e) Figuren der Wortstellung und des Satzbaus

⑳ **Abbildende Wortstellung:** Die Wortstellung bildet den Inhalt ab.
Met.: **omnia pontus erant, deerant quoque litora ponto** (I 292): Überall ist das Meer, so weit das Auge nach links und rechts reicht.
Ebenso z. B. IV 65, 73, 78; XI 119 f.

㉑ **Chiásmus** (Kreuzstellung): Zwei Satzglieder oder Sätze werden einander spiegelbildlich zugeordnet (a - b, b - a), z. B. ‚Die Kunst ist lang, kurz ist unser Leben'. Wenn man die Entsprechungen untereinander schreibt, ergibt sich eine Kreuzstellung:
Met.: **... suis, peregrinum ut viserem**
orbem, montibus (I 94 f.).
Ebenso z. B. I 141, 489; VI 381.

㉒ **Hypérbaton** (Überspringen): Zwei syntaktisch zusammengehörende Wörter (z. B. Substantiv – Adjektiv) werden durch einen Einschub voneinander getrennt.
Met.: **sidereo** siccata sitim collegit ab **aestu** (VI 341).
Ebenso z. B. I 1 f., 94 f.; XV 874.

㉓ **Enjambement** (Überschreiten): Man spricht auch von Zeilensprung, durch den eine syntaktisch zusammengehörende Sinneinheit (Kolon) nicht mit der Verszeile endet, sondern in den nächsten Vers ‚hinüberspringt'. Es entsteht eine Spannung zwischen inhaltlicher und metrischer Gliederung.
Met.: **.................... super alta perennis**
astra ferar (XV 875 f.).
Ebenso z. B. I 288 ff.; II 872 f.

㉔ **Parallelísmus** (übereinstimmende Anordnung): Satzglieder oder Sätze werden inhaltlich und grammatisch nach dem gleichen Schema angeordnet (a – b, a – b), z. B. ‚Als ich ein Kind war, redete ich wie ein Kind, dachte ich wie ein Kind, urteilte ich wie ein Kind.' Schreibt man die Entsprechungen untereinander, ergibt sich folgendes Schema:

Met.: **ad mea perpetuum deducite**
tempora carmen (I 4).

Ebenso z. B. I 100; IV 156.

B. Sinnfiguren

㉕ **Antithese** (Gegensatz): Gedanklicher Gegensatz zwischen Wörtern oder Wortgruppen, z. B. ‚Himmelhoch jauchzend, zu Tode betrübt.'
Met.: **omnia possideat, non possidet aëra Minos** (VIII 187).
Ebenso z. B. I 240; IV 108 f.

㉖ **Oxymoron** (scharf(sinnig) - dumm): Verbindung zweier sich widersprechender Ausdrücke, z. B., ‚kalte Glut', ‚bittersüß'.

Met.: **ars adeo latet arte sua** (X 252).
Ebenso z. B. XI 106, 127, 133.

㉗ **Rhetorische Frage:** Unechte Frage, weil die Antwort in der Frage bereits enthalten ist, z. B. ‚Wen wundert's?' oder ‚Wer hätte das gedacht?'

Met.: **quem non blanda deae potuissent verba movere?** (VI 360).

㉘ **Vergleich:** Bildliche Umschreibung eines (oft abstrakten) Sachverhaltes durch ‚wie (-so)', ‚als ob', z. B. ‚Er benimmt sich wie ein Elefant im Porzellanladen'.

Met.: **utque leves stipulae ... adolentur ...**
ut facibus saepes ardentur, ...
sic deus in flammas abiit, ... (I 492 ff.).
Ebenso z. B.: I 533 ff.; VIII 213 f.

㉙ **Zeugma** (Verbindung): Ein Satzglied (meistens das Prädikat) bezieht sich auf mehrere Satzglieder, wobei es syntaktisch-grammatisch nur zu einem passt, z. B. ‚Er schlug die Stühl' und Vögel tot' (Struwwelpeter).

Met.: **(Silenum) titubantem annisque meroque** (XI 90).
Ebenso z. B. X 50.

Die Metamorphosen

Prooemium (Met. I 1–4)

In nova fert animus mutatas dicere formas
corpora. di, coeptis (nam vos mutastis et illas)
adspirate meis primaque ab origine mundi
ad mea perpetuum deducite tempora carmen!

1 **fert animus** es drängt (mich) – Lies: dicere formas mutatas in corpora nova
2 **coeptum** Beginnen, Vorhaben (hier poet. Pl.) – **mūtāstis** = mūtāvistis – **et** = etiam
3 **adspīrāre** (m. Dat.) Fahrtwind geben; begünstigen – Lies: adspirate meis coeptis
4 **dēdūcere** (beschützend) geleiten

Die vier Weltalter (Met. I 89–150)

Ovids „Metamorphosen" beginnen mit der Wandlung des Chaos zu einem geordneten Ganzen, das aus Meer, Land und Himmel besteht. Nach der Entstehung des Menschen durchläuft dieser verschiedene Epochen seiner Entwicklung.

Das goldene Zeitalter
(Holzschnitt von Virgil Solis, aus der Ovid-Ausgabe Frankfurt 1563)

Aurea prima sata est aetas, quae vindice nullo,
sponte sua, sine lege fidem rectumque colebat.
poena metusque aberant nec verba minantia fixo
aere legebantur nec supplex turba timebat

---

89 **satus, a, um** (Part. Perf. von serere) gesät; entstanden- **vindice nullō** (Abl. abs.) ohne strafenden Richter
91 **minārī, minor, minātus sum** drohen – **(in) fīxō aere** auf einer öffentlich angeschlagenen Erztafel; gemeint sind Rechtsvorschriften, die auf Tafeln aus Holz oder Erz veröffentlicht wurden; vgl. das ‚Zwölftafelgesetz'.
92 **supplex turba** demütig bittende Schar. In Rom war es bei Gerichtsverhandlungen Sitte, eine große Schar von Freunden oder Verwandten aufzubieten, die durch ihre Bitten den Richter zu beeinflussen suchten.

iudicis ora sui, sed erant sine vindice tuti.
nondum caesa suis, peregrinum ut viseret orbem,
montibus in liquidas pinus descenderat undas,
nullaque mortales praeter sua litora norant.
nondum praecipites cingebant oppida fossae,
non tuba directi, non aeris cornua flexi,
non galeae, non ensis erat: sine militis usu
mollia securae peragebant otia gentes.
ipsa quoque inmunis rastroque intacta nec ullis
saucia vomeribus per se dabat omnia tellus,
contentique cibis nullo cogente creatis
arbuteos fetus montanaque fraga legebant
cornaque et in duris haerentia mora rubetis
et, quae deciderant patula Iovis arbore, glandes.
ver erat aeternum, placidique tepentibus auris
mulcebant zephyri natos sine semine flores;
mox etiam fruges tellus inarata ferebat,
nec renovatus ager gravidis canebat aristis;

---

93 **ōra** (dicht. Pl.) hier: Worte – **vindex:** siehe V. 89
94 Lies: nondum caesa pinus (de) suis montibus in liquidas undas descenderat, ut peregrinum orbem viseret – **caesa pīnus** die gefällte Fichte (als Material für den Schiffsbau) – **peregrīnus, a, um** ausländisch, fremd
95 **liquidus, a, um** klar
96 Lies: nūllaque lītora – **mortālēs** = hominēs – **nōrant** = nōverant
98 **tuba dīrēctī (aeris)** Tuba aus geradem Erz – entsprechend: **cornua flexī aeris**
99 **galea, ae f.** Helm – **ēnsis, is m.** Schwert
100 **sēcūrus, a, um** unbesorgt, sorglos – **ōtia peragere** in Frieden dahinleben
101 Lies: ipsa quoque (tellus) immunis – **ipsa** hier: von selbst – **inmūnis, e** abgaben-, dienstfrei. Die Erde wurde von den Menschen nicht in Dienst genommen, um Erträge zu erwirtschaften. – **rāster, trī** Karst, Hacke
102 **saucius, a, um** verletzt – **vōmer, eris n.** Pflugschar
103 **contentus, a, um** (m. Abl.) zufrieden (mit) – **cibus, ī** Speise, Nahrung
104 **arbuteī fētūs** Früchte des Erdbeerbaums – **montāna frāga** Gebirgserdbeeren
105 **cornum, ī** Kornelkirsche – **mōrum, ī** Brombeere – **rubētum, ī** Brombeerstrauch
106 Lies: et glandes, quae (de) patula arbore Iovis deciderant. – **patulus, a, um** weit ausladend – **Iovis arbor:** Gemeint ist die dem Jupiter heilige Eiche. – **dēcidere** herabfallen – **glāns, glandis f.** Eichel
107 **tepēre, eō** lau/warm, mild sein
108 **mulcēre, eō** streicheln – **zephyrus, ī** Westwind; Westwinde stehen für ein angenehmes Klima. – **sēmen, inis n.** Same – **flōs, flōris m.** Blume, Blüte
109 **frūx, frūgis m.** Frucht – **inarātus, a, um** ungepflügt
110 **gravidus, a, um** voll, schwer – **arista, ae f.** Ähre – **canēre, eō** weiß/grau sein, hell leuchten

flumina iam lactis, iam flumina nectaris ibant,
flavaque de viridi stillabant ilice mella.
Postquam Saturno tenebrosa in Tartara misso
sub Iove mundus erat, subiit argentea proles,
auro deterior, fulvo pretiosior aere.
Iuppiter antiqui contraxit tempora veris,
perque hiemes aestusque et inaequalis autumnos
et breve ver spatiis exegit quattuor annum.
tum primum siccis aer fervoribus ustus
canduit, et ventis glacies adstricta pependit.
tum primum subiere domos; domus antra fuerunt
et densi frutices et vinctae cortice virgae.
semina tum primum longis Cerealia sulcis
obruta sunt, pressique iugo gemuere iuvenci.
Tertia post illam successit aenea proles,
saevior ingeniis et ad horrida promptior arma,
non scelerata tamen; de duro est ultima ferro.
protinus inrupit venae peioris in aevum

---

111 **lac, lactis n.** Milch – **nectar, aris n.** Nektar
112 **flāvus, a, um** goldgelb – **viridis, e** grün, frisch – **stillāre** tropfen, träufeln – **īlex icis f.** Steineiche – **mel, mellis n.** Honig
113 **postquam** (m. Imp.) seit(dem) – **tenebrōsus, a, um** finster, dunkel
114 **mundus, ī** Welt, Erde – **subīre, subeō, subiī** hier: nachfolgen, an die Stelle treten – **prōlēs, is** f. Nachkommenschaft; Geschlecht
115 **dēterior, ius** weniger gut, geringer – **fulvus, a, um** rotgelb, bräunlich – **pretiōsus, a, um** wertvoll, kostbar
117 **inaequālīs autumnōs** unbeständige Herbste
118 **annum exigere** das Jahr einteilen
119 **siccus, a, um** trocken – **āēr, āëris m.** Luft – **fervor, ōris m.** Hitze, Glut – **urō, ussī, ustum, urere** verbrennen, versengen
120 **candēscere, ō, canduī** erglühen – **glaciēs adstricta** gefrorenes Eis, Eiszapfen
121 **subīre domum** in einem Haus Unterschlupf suchen – **antrum, ī** Höhle, Grotte
122 **dēnsī fruticēs** dichtes Strauchwerk – **vinctae cortice virgae** mit Rinde verflochtene Zweige
123 **semina Cereālia** Samen der Ceres (Göttin des Ackerbaus), Getreidesamen – **sulcus, ī** Furche
124 **obruere, ō, uī, utum** vergraben, versenken – **gemere, ō, uī** stöhnen – **iuvencus, ī** Jungstier
125 **aēneus, a, um** ehern, aus Erz
126 **horridus, a, um** schrecklich, entsetzlich
127 **scelerātus, a, um** verbrecherisch, frevelhaft – **ultima** (proles)
128 **prōtinus** (Adv.) sogleich, sofort – **inrumpere, ō, rūpī, ruptum** hereinbrechen, eindringen – **vēna, ae** Metallader – **aevum, ī** Zeitalter

omne nefas: fugere pudor verumque fidesque;
in quorum subiere locum fraudesque dolusque
insidiaeque et vis et amor sceleratus habendi.
vela dabant ventis nec adhuc bene noverat illos
navita, quaeque prius steterant in montibus altis,
fluctibus ignotis insultavere carinae,
communemque prius ceu lumina solis et auras
cautus humum longo signavit limite mensor.
nec tantum segetes alimentaque debita dives
poscebatur humus, sed itum est in viscera terrae,
quasque recondiderat Stygiisque admoverat umbris,
effodiuntur opes, inritamenta malorum.
iamque nocens ferrum ferroque nocentius aurum
prodierat; prodit bellum, quod pugnat utroque,
sanguineaque manu crepitantia concutit arma.
vivitur ex rapto; non hospes ab hospite tutus,
non socer a genero, fratrum quoque gratia rara est.

---

129 **fugēre** = fugērunt
130 **subiēre** = subiērunt
132 **vēlum, ī** Segel
133 **nāvita, ae m.** Schiffer, Seemann. Die Schifffahrt galt als gefährliches aber auch Gewinn bringendes Unternehmen im Dienste des Warenhandels. – Lies: et carinae, quae ... steterant, fluctibus ignotis insultaverunt.
134 **insultāre** (m. Dat.) hüpfen, tanzen (auf) – **carīna, ae** Schiffskiel; Schiff. Gemeint sind die Bäume als Baumaterial der Schiffe.
135 Lies: et cautus mensor humum prius communem ceu lumina solis et auras longo limite signavit. – **ceu** wie
136 **cautus, a, um** vorsichtig, behutsam – **signāre, signō** bezeichnen, kennzeichnen – **līmes, itis m.** Grenzlinie, Grenze – **mēnsor, ōris m.** Vermesser, Feldmesser
137 **seges, etis f.** Saat – **alimentum, ī** Nahrung – **dēbitus, a, um** geschuldet, schuldig
138 **poscēbātur humus man** forderte vom Boden – **vīscera, um n.** Eingeweide
139 Lies: et opes, quas (terra) recondiderat ...; **recondere, ō, didī** verbergen, verstecken – **Stygiae umbrae** die Schatten der Unterwelt – **admovēre, eō, mōvī, mōtum** (m. Dat.) annähern, in die Nähe bringen von
140 **effodere, iō, fōdī, fossum** ausgraben, abbauen – **irrītāmentum, ī** Anreiz, Verlockung
142 **prōdīre, eō, iī** zum Vorschein kommen, auftreten – **utrōque** = ferro et auro
143 **sanguineus, a, um** blutig – **crepitāre, ō** krachen, klirren – **concutere, iō, cussī, cussum** aneinander schlagen
144 **tūtus** (est)
145 **socer, erī m.** Schwiegervater – **gener, erī m.** Schwiegersohn – **grātia, ae** hier: Zuneigung, Wohlwollen – **rārus, a, um** selten

inminet exitio vir coniugis, illa mariti;
lurida terribiles miscent aconita novercae;
filius ante diem patrios inquirit in annos.
victa iacet pietas, et virgo caede madentes
ultima caelestum terras Astraea reliquit.

Das eiserne Zeitalter
(Holzschnitt von Virgil Solis, aus der Ovid-Ausgabe Frankfurt 1563)

---

146 **inminēre, ēo** (m. Dat.) trachten nach – **exitium, ī** Untergang, Tod – **marītus, ī** Ehemann
147 **lūridum aconītum** todbringender Eisenhut (giftige Pflanze) – **noverca, ae** Stiefmutter
148 **ante diem** vorzeitig – **inquīrere in** (m. Akk.) forschen nach – **annī, ōrum** hier: die Lebensfrist, Lebensdauer
149 Lies: et virgo Astraea terras caede madentes ultima caelestum reliquit – **caede madēre** vor Blut triefen – **virgo Astraea** Sternenjungfrau; Göttin der Gerechtigkeit
150 **caelestēs, (i)um m.** die Götter

Die Sintflut (Met. I 240–312)

Erbost über die Schlechtigkeit der Menschen, beruft Jupiter eine Götterversammlung ein, der er seinen Beschluss mitteilt, das Menschengeschlecht zu bestrafen. Als Begründung führt er seinen Aufenthalt in Menschengestalt bei dem arkadischen König Lycaon an. Durch einen Mordversuch und durch das Vorsetzen von Menschenfleisch stellte dieser Jupiter auf die Probe. Zur Strafe ließ Jupiter das Haus Lykaons einstürzen und verwandelte ihn in einen Wolf. Daraufhin fährt Jupiter folgendermaßen fort:

'occidit una domus, sed non domus una perire
digna fuit: qua terra patet, fera regnat Erinys.
in facinus iurasse putes; dent ocius omnes,
quas meruere pati, sic stat sententia, poenas.'
Dicta Iovis pars voce probant stimulosque frementi
adiciunt, alii partes adsensibus inplent.
est tamen humani generis iactura dolori
omnibus, et, quae sit terrae mortalibus orbae
forma futura, rogant, quis sit laturus in aras
tura, ferisne paret populandas tradere terras.
talia quaerentes (sibi enim fore cetera curae)

Übersetzung der Verse 240-252:
(240) „Untergegangen ist ein Haus, aber nicht nur *ein* Haus verdiente unterzugehen; soweit die Erde reicht, herrscht die wilde Erinys. Man möchte meinen, sie hätten sich verschworen, Verbrechen zu begehen. Schnell mögen alle die Strafe empfangen, die sie verdient haben. So ist's beschlossen."
Ein Teil billigt Iuppiters Worte durch Zuruf und spornt den Wutschnaubenden an, (245) andere bekunden ihren Pflichteifer durch Zustimmung. Dennoch schmerzt alle der Verlust des Menschengeschlechtes, und sie fragen, wollen wissen, welche Gestalt die Erde ohne Menschen haben werde, wer Weihrauch zu den Altären bringen werde und ob Iuppiter die Erde den wilden Tieren zur Verwüstung überlassen wolle. (250) Während sie solches fragen, verbietet ihnen der König der Himmlischen, sich zu beunruhigen – denn er werde für alles Übrige sorgen. Und er verspricht ihnen ein Menschengeschlecht, dem früheren Volk nicht ähnlich und von wunderbarem Ursprung.
(nach: M. v. Albrecht, 1994, a. a. O., S. 23 ff.)

Erläuterungen zur Übersetzung der Verse 240-252:
240 **ūna domus:** Gemeint ist das Haus des Lykaon.
241 **Erynis:** Rachegöttin
250 ff. Das Versprechen eines neuen Menschengeschlechts greift Ovid nach der Schilderung der Sintflut wieder auf. Deukalion und Pyrrha, ein gerechtes und gottesfürchtiges Paar, überleben die Sintflut mithilfe eines Floßes und werden zu den Stammeltern eines neuen Menschengeschlechts.

rex superum trepidare vetat subolemque priori
dissimilem populo promittit origine mira.

Iamque erat in totas sparsurus fulmina terras;
sed timuit, ne forte sacer tot ab ignibus aether
conciperet flammas longusque ardesceret axis.
esse quoque in fatis reminiscitur adfore tempus,
quo mare, quo tellus correptaque regia caeli
ardeat et mundi moles obsessa laboret.
tela reponuntur manibus fabricata Cyclopum;
poena placet diversa, genus mortale sub undis
perdere et ex omni nimbos demittere caelo.
Protinus Aeoliis Aquilonem claudit in antris
et quaecumque fugant inductas flamina nubes
emittitque Notum. madidis Notus evolat alis
terribilem picea tectus caligine vultum:
barba gravis nimbis, canis fluit unda capillis,
fronte sedent nebulae, rorant pennaeque sinusque.
utque manu late pendentia nubila pressit,
fit fragor: hinc densi funduntur ab aethere nimbi.

---

253 **erat sparsūrus:** Subjekt ist Jupiter. – **spargere, ō, sparsī, sparsum** ausstreuen, schleudern – **fulmen, inis n.** Blitz
254 **aethēr, eris m.** Himmel (als Wohnsitz der Götter)
255 **flammās concipere** Feuer fangen, in Flammen aufgehen – **ārdēscere, ō, ārsī** entbrennen, in Brand geraten – **axis, is m.** Himmelsachse
256 **est in fātīs** es ist vom Schicksal bestimmt – **reminīscī, or** sich erinnern – **adfore:** abhängig von esse in fātīs
257 **correpta** = (flammīs) corripiatur et – **corripere, iō, ripuī, reptum** ergreifen, erfassen – **rēgia caelī** Himmelsburg
258 **mōlēs, is f.** der riesige Bau, Masse – **obsessa laboret** = (flammīs) obsideatur et laboret
260 **(Iovī) placet – genus mortāle** = genus hominum – **unda, ae** Wasser; Woge, Welle
261 **nimbus, ī** (Regen-)Wolke; Regenguss – **ex omnī caelō** = ex tōtō caelō
262 **prōtinus** sofort, alsbald – **antrum, ī** Höhle, Grotte
263 Beachte: **et** verbindet Gleichartiges. – **quaecumque flāmina** = omnia flāmina, quae – **flāmen, inis n.** Wind – **fugāre** vertreiben – **inductae nūbēs** heraufgezogene Wolken
264 **madidus, a, um** nass, feucht – **āla, ae** Flügel
265 Übers.: Sein entsetzliches Gesicht (ist) mit einer pechschwarzen Wolke bedeckt.
266 **barba, ae** Bart – **gravis (est) – (ex) cānīs capillīs** aus dem grauen Haar
267 **(in) fronte – rōrāre, rōrō** triefen – **penna, ae** Feder(kleid) – **sinus, ūs m.** die Falten des Gewandes
268 **nūbilum, ī** Wolke, Gewölk
269 **fragor, ōris m.** Krachen, Getöse – **hinc** hier: dann, hierauf – **dēnsus, a, um** dicht

nuntia Iunonis varios induta colores
concipit Iris aquas alimentaque nubibus adfert.
sternuntur segetes et deplorata coloni
vota iacent, longique perit labor inritus anni.
Nec caelo contenta suo est Iovis ira, sed illum
caeruleus frater iuvat auxiliaribus undis.
convocat hic amnes; qui postquam tecta tyranni
intravere sui, 'non est hortamine longo
nunc' ait 'utendum; vires effundite vestras!
sic opus est. aperite domos ac mole remota
fluminibus vestris totas inmittite habenas!'
iusserat; hi redeunt ac fontibus ora relaxant
et defrenato volvuntur in aequora cursu.
ipse tridente suo terram percussit, at illa
intremuit motuque vias patefecit aquarum.
exspatiata ruunt per apertos flumina campos

---

270 **variōs indūta colōrēs** in bunte Farben gekleidet
271 **aquās concipere** Wasser (aus Flüssen und Seen) nach oben ziehen – **alimentum, ī** Nahrung – **nūbēs, is f.** Wolke
272 **seges, etis f.** Saatfeld; Saat – **dēplōrātus, a, um** (hier: prädikativ) beweint, beklagt – **colōnus, ī** Bauer
273 **vōta** hier: Hoffnungen (auf eine gute Ernte) – **inritus, a, um** erfolglos, vergeblich
274 **contentus, a, um** (m. Abl.) zufrieden (mit)
275 **caeruleus frāter** der meerblaue Bruder. Gemeint ist Neptun, Bruder Jupiters und Plutos. Er ist der Gott des Meeres und der Gewässer. – **iuvat** = adiuvat – **auxiliāris, e** helfend, hilfreich
276 **quī:** relativ. Satzanschluss – **tecta tyrannī suī:** Gemeint ist der Palast des Neptun.
277 **hortāmen, inis n.** Ermunterung, Ermahnung
278 **effundere, effundō, effūsī, effūsum** aus-, vergießen
279 **mōlēs, is f.** Damm
280 **tōtās inmittere habēnās** ganz und gar die Zügel schießen lassen
281 **fōns, fontis m.** Quelle – **ōra relaxāre** die Schleusen öffnen (wörtlich: das Maul vom Zaumzeug befreien)
282 **dēfrēnātus, a, um** ungezügelt, entfesselt – **aequor, oris n.** Meer
283 **tridēns, entis m.** Dreizack; Waffe und Symbol Neptuns – **percutere, percutiō, percussī, percussum** erschüttern
284 **intremere, ō, uī** erzittern, erbeben – **mōtus, ūs m.** hier: Erdbeben – **patefaciō, -fēcī, -factum, -facere** (er)öffnen
285 **exspatiārī, ior, ātus sum** die Bahn verlassen, über die Ufer treten – **ruere, ō, uī** stürzen, strömen

cumque satis arbusta simul pecudesque virosque
tectaque cumque suis rapiunt penetralia sacris.
si qua domus mansit potuitque resistere tanto
indeiecta malo, culmen tamen altior huius
unda tegit, pressaeque latent sub gurgite turres.
iamque mare et tellus nullum discrimen habebant:
omnia pontus erant, deerant quoque litora ponto.
Occupat hic collem, cumba sedet alter adunca
et ducit remos illic, ubi nuper arabat;
ille supra segetes aut mersae culmina villae
navigat, hic summa piscem deprendit in ulmo.
figitur in viridi, si fors tulit, ancora prato,
aut subiecta terunt curvae vineta carinae;
et, modo qua graciles gramen carpsere capellae,
nunc ibi deformes ponunt sua corpora phocae.
mirantur sub aqua lucos urbesque domosque
Nereides, silvasque tenent delphines et altis
incursant ramis agitataque robora pulsant.
nat lupus inter oves, fulvos vehit unda leones,

---

286 **sata, ōrum, n.** Saaten – **arbustum, ī** Baumpflanzung; Buschwerk – **pecus, udis f.** (Klein-)Vieh – **virī** = hominēs
287 **penetrālia, ium n.** innere Räume (eines Hauses) – **sacra, ōrum** hier: Götterbilder
288 **sī qua** = sī aliqua
289 **indēiecta** (prädik.) ohne einzustürzen – **culmen, inis n.** Dachfirst, Dach
290 **latēre, lateō, latuī** verborgen, versteckt sein – **gurges, itis m.** tiefes Wasser, Tiefe
291 **discrīmen, inis n.** Unterschied
292 **pontus, ī** Meer
293 **(in) cumbā – cumba, ae** Kahn – **aduncus, a, um** gekrümmt
294 **dūcere rēmōs** rudern – **illic** da, dort – **arāre, ō** pflügen
295 **mergere, mergō, mersī, mersum** versenken; (med. pass.) versinken
296 **summa ulmus** Wipfel der Ulme – **piscis, is m.** Fisch – **dēprendit** = dēprehendit
297 **viridis, e** grün – **fors** Zufall – **ancora, ae** Anker – **prātum, ī** Wiese
298 **terere, ō, trīvī, trītum** reiben, streifen – **curvus, a, um** gebogen – **vīnētum, ī** Weinberg – **carīna, ae** (Schiffs-)Kiel
299 f. **et, modo quā ..., ibi nunc** = et eo loco, quo modo ..., nunc – **gracilis, e** mager, schlank – **grāmen, inis n.** Gras(halm) – **capella, ae** Ziege
300 **dēfōrmis, e** unförmig, hässlich – **phōca, ae** Seehund
301 **lūcus, ī** Wald, Hain
303 **incursāre, ō** (m. Dat.) stoßen an – **rāmus, ī** Ast, Zweig – **(undīs) agitāta rōbora – rōbur, rōboris, n.** Eichenholz, Eiche – **pulsāre, pulsō** (m. Akk.) schlagen an
304 **nāre, nō, nāvī** schwimmen – **ovis, is f.** Schaf – **fulvus, a, um** gelbbraun, bräunlich

unda vehit tigres, nec vires fulminis apro,
crura nec ablato prosunt velocia cervo.
quaesitisque diu terris, ubi sistere possit,
in mare lassatis volucris vaga decidit alis.
obruerat tumulos inmensa licentia ponti,
pulsabantque novi montana cacumina fluctus.
maxima pars unda rapitur; quibus unda pepercit,
illos longa domant inopi ieiunia victu.

Flut (Leonardo da Vinci, um 1515, schwarze Kreide)

305 **vīrēs fulminis** vernichtende Kräfte (wie der Blitz sie hat) – **aper, aprī m.** Eber
306 **crūs, crūris n.** Schenkel – **vēlōx, ōcis** schnell – **cervus, ī** Hirsch
307 **sistere, ō, stitī** sich niederlassen, Ruhe finden
308 **lassāre, ō** ermüden – **volucris, is f.** Vogel – **vagus, a, um** umherziehend, -schweifend – **dēcidere, ō, cīdī** herunter-, zu Boden fallen – **āla, ae** Flügel
309 **obruere, ō, ruī** bedecken, verhüllen – **tumulus, ī** Erhebung, Hügel – **inmēnsus, a, um** unermesslich, schrankenlos
310 **montānus, a, um:** Adj. zu mōns – **cacūmen, inis n.** Gipfel, Spitze
311 **maxima pars (hominum)** – Lies: illōs, quibus unda pepercit
312 **domāre, ō, uī, itum** zähmen; bezwingen – **inopī victū** = inopiā victūs – **victus, ūs m.** (Lebens-)Unterhalt, Nahrung – **iēiūnium, ī** Fasten, Hunger

Apollo und Daphne (Met. I 452–567)

Nach der Tötung der riesigen Pythonschlange durch Apollo wurden zur Erinnerung an dieses Ereignis die pythischen Spiele begründet. Da es noch keinen Lorbeer gab, wurden die Sieger mit Eichenlaub ausgezeichnet. Nun trifft Apollo auf Cupido.

Primus amor Phoebi Daphne Peneia, quem non
fors ignara dedit, sed saeva Cupidinis ira.
Delius hunc nuper victo serpente superbus
viderat adducto flectentem cornua nervo
'quid' que 'tibi, lascive puer, cum fortibus armis?'
dixerat, 'ista decent umeros gestamina nostros,
qui dare certa ferae, dare vulnera possumus hosti,
qui modo pestifero tot iugera ventre prementem
stravimus innumeris tumidum Pythona sagittis.
tu face nescio quos esto contentus amores
inritare tua, nec laudes adsere nostras!'
filius huic Veneris 'figat tuus omnia, Phoebe,
te meus arcus' ait; 'quantoque animalia cedunt

---

452 **Daphnē Pēnēia** (erg. fuit) Daphne, die Tochter des Flussgottes Peneus
453 **fors f.** Zufall
454 **serpēns, entis m.** Schlange, Drache; gemeint ist die von Apollo in Delphi getötete drachenartige Pythonschlange.
455 **nervum adducere** die Sehne (des Bogens) spannen – **cornua, uum n.** Bogen
456 **quid** (erg. **est**) **tibi ... cum ...?** Was willst Du mit ...? – **lascīvus, a, um** übermütig, ausgelassen
457 **decēre, eō, uī** schmücken, passen (zu) – **umerus, ī** Schulter – **gestāmen, inis n.** Last; gemeint ist der schwere Bogen. – **nostrōs:** Apollo spricht von sich im Plural, auch in den folgenden Versen.
458 ff. **quī** (... possumus), **quī** (modo ... strāvimus) ich, der ich ... – **fera, ae** wildes Tier
459 **pestifer, fera, ferum** verderblich, todbringend – **iūgerum, ī** ein Morgen Landes (ca. 2500 qm) – **venter, tris m.** Bauch, Leib
460 **innumerus, a, um** unzählig – **tumidum Pythōna** (Akk.) die (von Gift) angeschwollene Pythonschlange – **sagitta, ae** Pfeil
461 **fax, facis f.** Fackel (um die Liebesglut zu entfachen) – **estō contentus** (m. Inf.) Gib dich damit zufrieden! – **nesciō quōs** (hat verächtlichen Unterton) **... amōrēs** irgendwelche Liebschaften – **inritare** anreizen, erregen
462 **adserere, adserō, seruī, sertum** beanspruchen
463 **fīgat** (konzessiver Konjunktiv) mag auch ... – **tuus** (erg. arcus)
464 **tē** (erg. fīgit) – **arcus, ūs m.** Bogen – **quantō ... tantō** wie ... umso

cuncta deo, tanto minor est tua gloria nostra.'
dixit et eliso percussis aëre pennis
inpiger umbrosa Parnasi constitit arce
eque sagittifera prompsit duo tela pharetra
diversorum operum: fugat hoc, facit illud amorem;
quod facit, auratum est et cuspide fulget acuta,
quod fugat, obtusum est et habet sub harundine plumbum.
hoc deus in nympha Peneide fixit, at illo
laesit Apollineas traiecta per ossa medullas;
protinus alter amat, fugit altera nomen amantis
silvarum latebris captivarumque ferarum
exuviis gaudens innuptaeque aemula Phoebes;
vitta coercebat positos sine lege capillos.
multi illam petiere, illa aversata petentes
inpatiens expersque viri nemora avia lustrat
nec, quid Hymen, quid Amor, quid sint conubia curat.
saepe pater dixit: 'generum mihi, filia, debes,'
saepe pater dixit: 'debes mihi, nata, nepotes';
illa velut crimen taedas exosa iugales

---

465 **nostrā** (erg. glōriā): Abl. comparationis
466 **ēlīsō percussīs āëre pennīs** er zerteilte mit seinen Flügelschlägen die Luft
467 **inpiger, gra, grum** rastlos, behände – **umbrōsus, a, um** schattig
468 **sagittifera pharetra** der die Pfeile tragende Köcher – **prōmere, prōmō, prōmpsī, prōmptum** hervornehmen, -holen
469 **opus, operis n.** hier: Wirkung – **fugāre, ō** vertreiben
470 Lies: id (telum), quod (amorem) facit, ... – **aurātus, a, um:** vgl. aurum – **cuspis, idis f.** Spitze – **fulgēre, fulgeō, fulsī** strahlen, glänzen – **acūtus, a, um** spitz, scharf
471 **obtūsus, a, um** stumpf – **harundō, inis f.** Schaft – **plumbum, ī** Blei
472 **nympha, ae** Nymphe. Mit **nympha Pēnēis, idis** ist Daphne gemeint.
473 **trāiecta:** Ordne bei – **os, ossis n.** Knochen – **medulla, ae** Mark, das Innerste
474 **prōtinus** (Adv.) sofort, auf der Stelle – **nōmen amantis** (Gen. explicativus) das Wort ‚Geliebter'
475 **latebrae, ārum f.** Schlupfwinkel, Versteck
476 **exuviae, ārum f.** (abgezogene) Tierhaut, Beute – **innūptus, a, um** unverheiratet – **aemulus, a, um** nacheifernd; Subst.: Anhänger/in – **Phoebēs**: Gen. Sg.
477 **vitta, ae** Band, Binde – **capillus, ī** Haar
478 **petiēre** = petivērunt – **aversārī, or, aversātus sum** verschmähen, zurückweisen
479 **inpatiēns expersque virī** ohne jegliches Interesse an einem Mann – **nemus, oris n.** Wald, Hain – **āvius, a, um** abgelegen, einsam – **lustrāre, ō** durchstreifen
481 **gener, erī m.** Schwiegersohn
482 **nāta, ae** Tochter – **nepōs, ōtis m.** Enkel
483 **taeda iugālis** Hochzeitsfackel – **exōsus, a, um** (m. Akk.) hassend, verabscheuend

pulchra verecundo suffuderat ora rubore
inque patris blandis haerens cervice lacertis
'da mihi perpetua, genitor carissime,' dixit
'virginitate frui! dedit hoc pater ante Dianae.'
ille quidem obsequitur: 'sed te decor iste, quod optas,
esse vetat, votoque tuo tua forma repugnat.'
Phoebus amat visaeque cupit conubia Daphnes,
quodque cupit, sperat, suaque illum oracula fallunt;
utque leves stipulae demptis adolentur aristis,
ut facibus saepes ardent, quas forte viator
vel nimis admovit vel iam sub luce reliquit,
sic deus in flammas abiit, sic pectore toto
uritur et sterilem sperando nutrit amorem.
spectat inornatos collo pendere capillos
et 'quid, si comantur?' ait. videt igne micantes
sideribus similes oculos, videt oscula, quae non
est vidisse satis; laudat digitosque manusque
bracchiaque et nudos media plus parte lacertos;

---

484 **pulchra verēcundō suffūderat ōra rubōre** ihr schönes Gesicht war von Schamröte überzogen
485 **blandus, a, um** schmeichelnd – **cervīx, īcis f.** Nacken, Genick – **lacertus, ī** Arm
486 **genitor, ōris m.** Vater – **dare** (hier: m. Infinitiv) gewähren, gestatten
488 **obsequī, obsequor, obsecūtus sum** nachgeben – **sed** (erg. inquit) – **decor, ōris m.** Schönheit – lies: decor iste vetat tē esse (id), quod optas
489 **vetāre, ō, uī** (m. AcI) verbieten – **repugnāre, ō** (m. Dat.) im Widerspruch stehen (mit)
490 **Daphnēs**: Gen. Sg.
491 Lies: et id, quod cupit, spērat – **ōrāculum, ī** Orakel (Stätte der Weissagung)
492 ff. **Übersetzung der Verse 492–494:** und wie leichte Stoppeln verbrannt werden nach dem Abernten der Ähren, (oder) wie Hecken durch Fackeln in Brand geraten, die zufällig einer im Vorbeigehen allzu sehr in ihre Nähe brachte oder bereits bei Tagesanbruch wegwarf. **(Erläut. zu V. 494:** Nachts waren die Menschen mit Fackeln unterwegs, um in der Dunkelheit zu sehen.)
496 **ūrere, ūrō, ussī, ustum** verbrennen; (pass.) glühen – **sterilis, e** unfruchtbar, unerwidert – **nūtrīre, iō** nähren, hegen
497 **collum, ī** Hals
498 **cōmāre, cōmō, cōmpsī** kämmen, frisieren – **micāre, ō, uī** glänzen, leuchten
499 **ōsculum, ī** (hier: poet. Pl.) Mündchen
500 Lies: quae (ei) non satis est – **vīdisse** = vidēre – **digitus, ī** Finger
501 **bracchium, ī** Arm – **mediā plus parte** mehr als zur Hälfte – **lacertus, ī** Oberarm

si qua latent, meliora putat. fugit ocior aura
illa levi neque ad haec revocantis verba resistit:
'nympha, precor, Penei, mane! non insequor hostis;
nympha, mane! sic agna lupum, sic cerva leonem,
sic aquilam penna fugiunt trepidante columbae,
hostes quaeque suos; amor est mihi causa sequendi.
me miserum! ne prona cadas indignave laedi
crura notent sentes et sim tibi causa doloris!
aspera, qua properas, loca sunt; moderatius, oro,
curre fugamque inhibe! moderatius insequar ipse.
cui placeas, inquire tamen! non incola montis,
non ego sum pastor, non hic armenta gregesque
horridus observo. nescis, temeraria, nescis,
quem fugias, ideoque fugis. mihi Delphica tellus
et Claros et Tenedos Patareaque regia servit;
Iuppiter est genitor; per me, quod eritque fuitque
estque, patet; per me concordant carmina nervis.
certa quidem nostra est, nostra tamen una sagitta
certior, in vacuo quae vulnera pectore fecit.

---

502 **sī qua** = si (ali-)quae – **latēre, eō, uī** verborgen sein – **ōcior, ius** (m. Abl. comp.) schneller (als)
505 **āgna, ae** Lamm – **lupus, ī** Wolf – **cerva, ae** Hirschkuh – **leō, leōnis m.** Löwe
506 **aquila, ae** Adler – **penna, ae** Feder, Flügel – **trepidāns, ntis** zitternd, ängstlich – **columba, ae** Taube
507 Lies: quaeque hostēs suōs (erg. fugit)
508 **mē miserum!** Ach, ich Unglücklicher! – **Übersetzung der Verse 508 b–509 a:** Stürze nicht zu Boden oder lass dir auch nicht deine Schenkel, die keine Verletzung verdient haben, von Dornbüschen zerkratzen. – **et** = nēve (verneinter Wunsch)
510 Lies: loca, per quae properas – **moderātus, a, um** besonnen
511 **currere, ō, cucurrī** laufen, rennen – **inhibēre, eō, buī, bitum** hemmen, aufhören mit
512 **inquīrere, ō, quīsīvī, quīsītum** fragen; nachforschen – **incola, ae m./f.** Bewohner(in)
513 **pāstor, ōris m.** Hirte – **armentum, ī** Großviehherde – **grex, gregis m.** Kleinviehherde
514 **horridus, a, um** zottig, roh – **temerārius, a, um** unbesonnen
515 **ideō** daher, deswegen
516 **Claros, ī f.:** Stadt in Ionien – **Tenedos, ī f.:** Insel an der Küste vor Troja – **Patarēus, a, um:** Adj. zu Patara, einer Stadt in Lykien; alle diese Orte haben eine Kultstätte zu Ehren Apollos.
518 **concordāre, ō** übereinstimmen, harmonieren mit – **nervus, ī** Saite; Saitenspiel
519 **certa quidem nostra** (erg. sagitta) **est** – Beachte die Quantitäten von **nostra** (**tamen**).

inventum medicina meum est, opiferque per orbem
dicor, et herbarum subiecta potentia nobis;
ei mihi, quod nullis amor est sanabilis herbis
nec prosunt domino, quae prosunt omnibus, artes!'
Plura locuturum timido Peneia cursu
fugit cumque ipso verba inperfecta reliquit,
tum quoque visa decens; nudabant corpora venti,
obviaque adversas vibrabant flamina vestes,
et levis inpulsos retro dabat aura capillos,
auctaque forma fuga est. sed enim non sustinet ultra
perdere blanditias iuvenis deus, utque monebat
ipse Amor, admisso sequitur vestigia passu.
ut canis in vacuo leporem cum Gallicus arvo
vidit, et hic praedam pedibus petit, ille salutem
(alter inhaesuro similis iam iamque tenere
sperat et extento stringit vestigia rostro,
alter in ambiguo est, an sit conprensus, et ipsis
morsibus eripitur tangentiaque ora relinquit):
sic deus et virgo; est hic spe celer, illa timore.
qui tamen insequitur, pennis adiutus amoris
ocior est requiemque negat tergoque fugacis

---

521 **opifer, fera, ferum** Hilfe-, Heil bringend
522 **herba, ae** (Heil-)Kraut – **subiecta** (erg. est)
523 **ei** weh, wehe!
524 Lies: artēs, quae
526 **verba inperfecta:** Daphne lässt Apollo mitten in seiner Rede stehen.
527 **vīsa** (erg. est) – **decēns, entis** schön, reizend
528 **obvia flāmina** Gegenwind – **adversae vestēs** Kleidungsstücke (‚auf die der Wind trifft) – **vibrāre, ō** flattern lassen
529 **inpulsōs capillōs retrō dare** das fliegende Haar nach hinten wehen lassen
530 **ultrā** (Adv.) weiter, längerhin
531 **blanditiās perdere** Schmeichelworte verschwenden – (erg. eum) **monēbat**
532 **admissō passū** mit schnellem Schritt
533 **canis, is m.** hier: Jagdhund – **lepus, oris m.** Hase – **arvum, ī n.** Feld, Flur
534 **ille salūtem** (erg. petit)
535 **alter inhaesūrō similis iam** der eine sieht aus, als wolle er schon zupacken
536 **extentō rōstrō** mit vorgestreckter Schnauze – **stringere, stringō, strīnxī, strictum** streifen, leicht berühren
537 **in ambiguō esse** unsicher, im Zweifel sein – **ipsīs** hier: gerade noch
538 **morsus, ūs m.** Biss
540 **quī:** relativ. Satzanschluss
541 **ōcior, ius:** vgl. V. 502 – **requiēs, ēī f.** Ruhe, Erholung – (erg. ei) **negat – tergō fugācis inminēre** der Fliehenden im Nacken sitzen

inminet et crinem sparsum cervicibus adflat.
viribus absumptis expalluit illa citaeque
victa labore fugae spectans Peneidas undas
'fer, pater,' inquit 'opem! si flumina numen habetis,
qua nimium placui, mutando perde figuram!'
....
vix prece finita torpor gravis occupat artus:
mollia cinguntur tenui praecordia libro,
in frondem crines, in ramos bracchia crescunt;
pes modo tam velox pigris radicibus haeret,
ora cacumen habet: remanet nitor unus in illa.
Hanc quoque Phoebus amat positaque in stipite dextra
sentit adhuc trepidare novo sub cortice pectus
conplexusque suis ramos, ut membra, lacertis
oscula dat ligno; refugit tamen oscula lignum.
cui deus 'at quoniam coniunx mea non potes esse,
arbor eris certe' dixit 'mea! semper habebunt
te coma, te citharae, te nostrae, laure, pharetrae.
tu ducibus Latiis aderis, cum laeta triumphum

---

542 **crīnis sparsus** (erg. in) **cervīcibus** im Nacken zerstreutes Haar – **adflāre, ō** anhauchen, mit dem Atem ‚berühren'

543 **absumere, sūmō, sūmpsī, sūmptum** ver-, aufbrauchen, verzehren – **expallēscere, ō, expalluī** erbleichen, blass werden – **citus, a, um** schnell, rasch

544 Lies: labōre fugae citae victa – **spectāns:** Ordne bei – **Pēnēïdās:** Akk. Pl.; Adj. zu Peneus

545 **ops, opis f.** Hilfe, Beistand

546 Lies: mutando perde figuram, qua nimium placui – **figūra, ae** Gestalt, Aussehen

548 **prece:** Abl. Sg. zu precēs – **torpor, ōris m.** Erstarrung, Lähmung – **artūs, uum m.** Glieder

549 **praecordia, ōrum n.** Brustkorb, Brust – **liber, brī** Rinde

550 **frōns, frondis f.** Laub(werk) – **rāmus, ī** Ast, Zweig

551 **vēlōx, ōcis** schnell – **piger, gra, grum** zäh – **rādix, īcis f.** Wurzel

552 **cacūmen, inis n.** Spitze, Wipfel – **nitor, ōris m.** Glanz

553 **stīpes, itis m.** (Baum-)Stamm – **dextra, ae** rechte Hand

554 **trepidāre, ō** beben – **cortex, icis** m. Rinde

555 **conplectī, or, plexus sum** umarmen – **membrum, ī** (Körper-)Glied

556 **ōsculum, ī** Kuss – **līgnum, ī** Holz

557 **cui:** relativ. Satzanschluss

558 **habēre** hier: tragen

559 **nostrae:** vgl. V. 457; bezieht sich auf alle Nominative dieses Verses – **coma, ae** (Kopf-)Haar – **cithara, ae** Leier, Laute – **laurus, ī f.** Lorbeer(baum)

560 **Latius, a, um** latinisch, römisch. Der römische Feldherr trug beim Triumphzug einen Kranz aus Lorbeer als Siegeszeichen auf dem Haupt. – **triumphum canere** das Triumphlied singen

vox canet et visent longas Capitolia pompas.
postibus Augustis eadem fidissima custos
ante fores stabis mediamque tuebere quercum.
utque meum intonsis caput est iuvenale capillis,
tu quoque perpetuos semper gere frondis honores!
finierat Paean: factis modo laurea ramis
adnuit utque caput visa est agitasse cacumen.

Apoll und Daphne
(Gian Lorenzo Bernini,
1622–1625,
Rom/G. Borghese)

561 **Capitōlium, ī** (hier: poet. Pl.) Kapitol – **pompa, ae** Umzug, Festzug
562 **postis, is m.** Türpfosten – **Augustus, a, um** augusteisch. Octavian erhielt 27. v. Chr. den Ehrentitel ‚Augustus', ‚der Erhabene'. Zudem wurden die Türpfosten seines Hauses mit Lorbeer geschmückt. – **eadem** hier: ebenfalls, auch
563 **foris, is f.** Tür, Eingang – **media quercus** der in der Mitte liegende Eichenkranz. Der Eichenkranz ist eine Auszeichnung für die Rettung römischer Bürger. – **tuēbere** = tuēberis
564 **intōnsus, a, um** ungeschoren
566 **laurea, ae f.** Lorbeerbaum
567 **adnuere, nuō, nuī** nicken, zustimmen – **agitāsse** = agitavisse (Inf. Perf.): übers. als Inf. Präs.

Apoll und Daphne (Melissa Burns, 1978)

Europa (Met. II 836–875)

Der Götterbote Merkur hatte sich in Herse, die Tochter des Athenerkönigs Kekrops verliebt. Ihre Schwester Aglauros, die aus Neid diese Verbindung verhindern wollte, verwandelte er in einen Stein. Da ruft ihn Jupiter zu sich.

Sevocat hunc genitor nec causam fassus amoris
'fide minister' ait 'iussorum, nate, meorum,
pelle moram solitoque celer delabere cursu,
quaeque tuam matrem tellus a parte sinistra
suspicit (indigenae Sidonida nomine dicunt),

Der Raub der Europa (rotfiguriger Krater, um 490 v. Chr.)
→ Siehe auch Abbildung im Farbteil, S. 148.

---

836 **sēvocāre** beiseite rufen – **hunc:** Gemeint ist Merkur, der Sohn Jupiters. – **genitor, ōris m.** Erzeuger, Vater. Gemeint ist Jupiter, der Vater des Merkur. – **causa amōris** der Grund, nämlich die Liebe
837 **minister, trī m.** Diener, Gehilfe – **nātus, ī** Sohn
838 **solitō dēlābī cursū** mit gewohnter Schnelligkeit herabgleiten
839 ff. Übersetzung: **quaeque tuam mātrem tellūs ā parte sinistrā suspicit ... hanc pete** und eile in das Land, das von der linken Seite zum Gestirn deiner Mutter emporblickt. Mit **mater** ist Merkurs Mutter Maja gemeint, die ein Stern der Plejaden ist.
840 **indigena, ae m.** Ureinwohner – **Sīdōnida** (erg. tellūrem): Akk.; Sidonisches Land

hanc pete! quodque procul montano gramine pasci
armentum regale vides, ad litora verte!'
dixit, et expulsi iamdudum monte iuvenci
litora iussa petunt, ubi magni filia regis
ludere virginibus Tyriis comitata solebat.
non bene conveniunt nec in una sede morantur
maiestas et amor: sceptri gravitate relicta
ille pater rectorque deum, cui dextra trisulcis
ignibus armata est, qui nutu concutit orbem,
induitur faciem tauri mixtusque iuvencis
mugit et in teneris formosus obambulat herbis.
quippe color nivis est, quam nec vestigia duri
calcavere pedis nec solvit aquaticus auster.
colla toris exstant, armis palearia pendent,
cornua parva quidem, sed quae contendere possis
facta manu, puraque magis perlucida gemma.

---

841 f. Lies: et armentum rēgāle, quod ... pascī vidēs, ad lītora verte! – **montānus, a, um** Gebirgs-, Berg- – **grāmen, inis n.** Gras – **pāscī, or** (m. Abl.) sich nähren von, fressen

842 **armentum, ī** (Vieh-)Herde – **rēgālis, e** königlich

843 **iamdūdum** (Adv.) sogleich, sofort – (erg. dē) **monte – iuvencus, ī** Jungstier

844 Mit **fīlia** ist Europa gemeint. Sie ist die Tochter des phönizischen Königs Agenor.

845 **comitātus, a, um** (hier: m. Dat. auctoris) begleitet (von)

847 **māiestās, ātis f.** Würde, Hoheit – **scēptrum, ī** Herrscherstab

848 **rēctor, ōris m.** Lenker, Herrscher – **deum** = deōrum – **dextra, ae** die Rechte, rechte Hand – **trisulcus ignis** der dreizackige Blitz

849 **armātus, a, um** bewaffnet – **nūtus, ūs m.** Kopfnicken, Wink – **concutere, iō, cussī, cussum** erschüttern

850 **induī, or aliquid** (medial-passiv) sich etwas anziehen; annehmen – **faciēs, ēī f.** Gestalt, Aussehen – **taurus, ī** Stier – **mixtusque** (erg. cum) **iuvencīs**

851 **mūgere, iō** muhen, brüllen – **tener, era, erum** zart, weich – **fōrmōsus, a, um** wohlgestaltet, stattlich – **obambulāre, ō** (herum)spazieren – (erg. in) **herbīs – herba, ae** Gras; Wiese

852 **quippe** hier: nämlich – **nix, nivis f.** Schnee – Lies: color est (erg. ut) nivis. Schneeweiße Farbe ist nach antiker Auffassung ein Merkmal schöner Rinder oder Stiere.

853 **calcāre, ō** betreten, auf etw. treten – **aquāticus auster** der feuchte, regenreiche Südwind

854 **collum, ī** Nacken; hier: poet. Pl. – **torus, ī** Muskel – **exstāre** (hier: m. Abl.) strotzen vor – (erg. dē) **armīs – armus, ī m.** Vorderbug, Schulter – **palear, āris n.** (hier: poet. Pl.) Wamme (herabhängende Hautfalte bei Rindern)

855 f. **cornua parva** (erg. sunt) – Lies: sed ea (cornua) facta esse manū contendere possis

856 **perlūcidus, a, um** durchsichtig, durchscheinend – **gemma, ae** Edelstein

nullae in fronte minae nec formidabile lumen:
pacem vultus habet. miratur Agenore nata,
quod tam formosus, quod proelia nulla minetur;
sed quamvis mitem metuit contingere primo,
mox adit et flores ad candida porrigit ora.
gaudet amans et, dum veniat sperata voluptas,
oscula dat manibus – vix iam, vix cetera differt! -
et nunc adludit viridique exsultat in herba,
nunc latus in fulvis niveum deponit harenis
paulatimque metu dempto modo pectora praebet
virginea palpanda manu, modo cornua sertis
inpedienda novis. ausa est quoque regia virgo
nescia, quem premeret, tergo considere tauri,
cum deus a terra siccoque a litore sensim
falsa pedum primis vestigia ponit in undis;
inde abit ulterius mediique per aequora ponti
fert praedam. pavet haec litusque ablata relictum
respicit et dextra cornum tenet, altera dorso
inposita est; tremulae sinuantur flamine vestes.

---

857 **minae, ārum** Drohungen – **formidābilis, e** furchtbar, schrecklich – **lūmen, inis n.** hier: Auge

858 **Agēnore nāta:** die Tochter Agenors. Gemeint ist Europa.

859 **quod tam formōsus** (erg. sit)

860 **quamvis** obwohl, obgleich – **mītis, e** zahm, friedlich

861 **mox** (Adv.) bald – **flōs, ōris m.** Blume – **candidus, a, um** schneeweiß, glänzend – **porrigere, ō** hinstrecken, darreichen

863 **ōsculum, ī** Kuss

864 **adlūdere, ō** sich verspielt nähern – **viridis, e** grün – **exsultāre** herumspringen, sich tummeln

865 **fulvus, a, um** rotgelb, bräunlich – **niveus, a, um** schneeweiß – **harēna, ae** Sand

866 **paulātim** allmählich, nach und nach – **dēmere, ō, dēmpsī, dēmptum** (weg)nehmen, beseitigen – **Übersetzung der Verse 866 b–868 a:** Er lässt sich bald seine Brust von der Hand der Jungfrau streicheln, bald seine Hörner mit frischen Blumenkränzen umwinden.

869 **nescius, a, um** unwissend, ahnungslos – **premere, premō, pressī, pressum** hier: sitzen auf, reiten auf

870 **siccus, a, um** trocken – **sēnsim** (Adv.) allmählich, langsam

871 **prīmae undae** niedriges Wasser

872 **mediīque per aequora pontī** mitten über die Meeresfläche

873 **pavēre, eō** Angst haben, sich ängstigen

874 **respicere, iō, spexī, spectum** zurückblicken auf – **dextrā** (erg. manū) – **alterā** (erg. manū) – **dorsum, ī** Rücken

875 **tremulus, a, um** zitternd, flatternd – **sinuārī, or** sich bauschen – **flāmen, inis n** Wehen, Wind

Pyramus und Thisbe (Met. IV 55–166)

Die Töchter des Minyas weigern sich, den Kult des Gottes Bacchus anzunehmen. Sie missachten das Gebot des Priesters, die Arbeit während des Festes zu Ehren von Bacchus ruhen zu lassen, und setzen ihre Arbeit am Webstuhl fort.
Bei dieser Beschäftigung erzählen sie der Reihe nach Liebesgeschichten, von denen die erste dem babylonischen Liebespaar Pyramus und Thisbe gewidmet ist.

'Pyramus et Thisbe, iuvenum pulcherrimus alter,
altera, quas oriens habuit, praelata puellis,
contiguas tenuere domos, ubi dicitur altam
coctilibus muris cinxisse Semiramis urbem.
notitiam primosque gradus vicinia fecit,
tempore crevit amor; taedae quoque iure coissent,
sed vetuere patres: quod non potuere vetare,
ex aequo captis ardebant mentibus ambo.
conscius omnis abest; nutu signisque loquuntur,
quoque magis tegitur, tectus magis aestuat ignis.
fissus erat tenui rima, quam duxerat olim,
cum fieret, paries domui communis utrique.
id vitium nulli per saecula longa notatum

---

56 Lies: praelata puellis, quas oriens habuit – **oriēns** (erg. sōl) Morgenland, Orient – **praelāta puellīs** (an Schönheit) unter allen Mädchen bevorzugt
57 **contiguus, a, um** angrenzend, benachbart – **tenuēre** = tenuērunt
58 **mūrus coctilis** Mauer aus gebrannten Ziegelsteinen
59 **nōtitia, ae** Bekanntschaft – **prīmos gradūs** (erg. amōris) – **vīcīnia, ae** Nachbarschaft
60 **taeda** Hochzeitsfackel, mit der die Braut in das Haus des Bräutigams geleitet wurde; **taedae iūre coīre** rechtmäßig heiraten
61 **vetāre, ō, uī** verbieten – **quod** hier: was ... das war, dass
62 **ex aequō** gleichermaßen – **captīs** (erg. amōre) **mentibus** – **ārdēre, eō** hier: in Liebe entbrannt sein – **ambō, ōrum** beide
63 **nūtus, ūs m.** (Kopf-)Nicken, Winken
64 Lies: et eo magis ignis tegitur, eo magis tectus aestuat. – **aestuāre, ō** (auf)lodern – **īgnis, is m.** hier: Liebesglut
65 **findere, ō, fidī, fissum** spalten – **rīma, ae** Riss – **rīmām dūcere** einen Riss bekommen
66 **pariēs, etis m.** Wand
67 **nūllī** (Dat. auctoris) = ā nūllō – **notāre, ō** bemerken

(quid non sentit amor?) primi vidistis amantes
et vocis fecistis iter; tutaeque per illud
murmure blanditiae minimo transire solebant.
saepe, ubi constiterant hinc Thisbe, Pyramus illinc,
inque vices fuerat captatus anhelitus oris,
„invide“ dicebant „paries, quid amantibus obstas?
quantum erat, ut sineres toto nos corpore iungi,
aut, hoc si nimium est, vel ad oscula danda pateres?
nec sumus ingrati: tibi nos debere fatemur,
quod datus est verbis ad amicas transitus aures.“
Talia diversa nequiquam sede locuti
sub noctem dixere „vale“ partique dedere
oscula quisque suae non pervenientia contra.
postera nocturnos Aurora removerat ignes,
solque pruinosas radiis siccaverat herbas:
ad solitum coiere locum. tum murmure parvo
multa prius questi statuunt, ut nocte silenti
fallere custodes foribusque excedere temptent,
cumque domo exierint, urbis quoque tecta relinquant,
neve sit errandum lato spatiantibus arvo,

---

69 **facere** (hier: mit dopp. Akk.) machen zu – **per illud** (erg. iter)
70 **murmur, uris n.** Murmeln, Geflüster – **blanditiae, ārum f.** schmeichelnde Worte
71 **ubi** (m. Ind. Plusqu. perf.) sooft – **hinc ... illinc** auf dieser ... auf jener Seite
72 **in vicēs** abwechselnd, gegenseitig – **fuerat captātus** = captātus erat – **captāre, o** erhaschen – **anhēlitus, ūs m.** Atem, Hauch
73 **invidus, a, um** neidisch – **obstāre, ō** im Wege stehen
74 **quantum erat, ut?** was würde es dir ausmachen, wenn? – **iungī, or**: übers. reflexiv
75 **vel** hier: wenigstens – **ōsculum, ī** Kuss
77 **trānsitus, ūs m.** Durchgang, Durchlass
78 (erg. **ex**) **dīversā sēde – nēquīquam** (Adv.) vergeblich
79 **sub noctem** spätabends – **valē!** leb wohl! – Lies: et quisque suae parti (erg. parietis) dederunt oscula non pervenienta contra
80 **pervenīre contrā** auf die andere Seite gelangen
81 **nocturnī ignēs** Sterne
82 **pruīnōsus, a, um** voll Tau – **radius, ī** (Licht-)Strahl – **siccāre, ō** trocknen – **herba, ae** Pflanze, Gras
83 **solitus, a, um** gewohnt, üblich – **coīre, eō, iī** zusammenkommen, sich treffen
84 **prius** (Adv.) hier: zunächst, zuvor noch – **silēre, eō** still sein, schweigen – **silentī** = silente
85 **forēs, ium f.** (Haus-)Tür; Haus
87 Übers.: und um sich nicht zu verfehlen auf ihrem Weg durch die weite Flur

conveniant ad busta Nini lateantque sub umbra
arboris: arbor ibi niveis uberrima pomis,
ardua morus, erat, gelido contermina fonti.
pacta placent; et lux tarde discedere visa
praecipitatur aquis, et aquis nox exit ab isdem.
Callida per tenebras versato cardine Thisbe
egreditur fallitque suos adopertaque vultum
pervenit ad tumulum dictaque sub arbore sedit.
audacem faciebat amor. venit ecce recenti
caede leaena boum spumantis oblita rictus,
depositura sitim vicini fontis in unda.
quam procul ad lunae radios Babylonia Thisbe
vidit et obscurum timido pede fugit in antrum,
dumque fugit, tergo velamina lapsa reliquit.
ut lea saeva sitim multa conpescuit unda,
dum redit in silvas, inventos forte sine ipsa
ore cruentato tenues laniavit amictus.
serius egressus vestigia vidit in alto

---

88 **bustum, ī** (hier: poet. Pl.) Grabmal – **latēre, eō, uī** hier: sich verstecken
89 **niveus, a, um** schneeweiß – **über, eris** (m. Abl.) reich (an) – **pōmum, ī** (Obst-)Frucht
90 **ardua mōrus** ein hoch aufragender Maulbeerbaum – **gelidus, a, um** kühl, kalt – **conterminus, a, um** (m. Dat.) angrenzend, nahe bei – **fōns, fontis m.** Quelle
91 **pactum, ī** (hier: poet. Pl.) Abmachung, Vereinbarung – **placent** (erg. eis) – **tardus, a, um** hier: zu langsam
92 **praecipitārī** (hier: m. Dat.) versinken, eintauchen (in)
93 **callidus, a, um** listig, schlau – **tenebrae, ārum** Dunkelheit – **cardinem versāre** die Tür in den Angeln drehen, öffnen
94 **(Thisbe) adoperta vultum** mit verhülltem Gesicht
95 **tumulus, ī** Grabhügel
96 **Übers. V. 96 b–98:** Siehe da kommt eine Löwin, deren schäumender Rachen von frischem Rinderblut beschmiert ist, um ihren Durst im Wasser einer nahen Quelle zu löschen.
99 **quam:** relat. Satzanschluss
100 **antrum, ī** Höhle
101 (erg. dē) **tergō** – **vēlāmen, inis n.** Schleier – **lābī, or, lāpsus sum** fallen, herabgleiten
102 **lea, ae** Löwin – **sitim compescere, ō, uī** den Durst stillen
103 f. Lies: dum redit in silvas, (lea) tenues amictus forte inventos sine ipsa ore cruentato laniavit. – **inventōs:** Ordne bei – **sine ipsā** ohne die Besitzerin (des Schleiers)
104 **cruentātus, a, um** blutig, mit Blut bespritzt – **laniāre, ō** zerfetzen, zerreißen – **amictus, ūs m.** (hier: poet. Pl.) Umhang, Schleier
105 **sērius:** Komp. zu sērō

pulvere certa ferae totoque expalluit ore
Pyramus; ut vero vestem quoque sanguine tinctam
repperit, „una duos" inquit „nox perdet amantes,
e quibus illa fuit longa dignissima vita;
nostra nocens anima est. ego te, miseranda, peremi,
in loca plena metus qui iussi nocte venires
nec prior huc veni. nostrum divellite corpus
et scelerata fero consumite viscera morsu,
o quicumque sub hac habitatis rupe, leones!
sed timidi est optare necem." velamina Thisbes
tollit et ad pactae secum fert arboris umbram,
utque dedit notae lacrimas, dedit oscula vesti,
„accipe nunc" inquit „nostri quoque sanguinis haustus!"
quoque erat accinctus, demisit in ilia ferrum,
nec mora, ferventi moriens e vulnere traxit
et iacuit resupinus humo: cruor emicat alte,
non aliter, quam cum vitiato fistula plumbo
scinditur et tenui stridente foramine longas

---

106 **pulvis, eris m.** Staub, Sand – **fera, ae** wildes Tier – **expallēscere, ō, expalluī** erbleichen
107 **tinguere, ō, tīnxī, tinctum** benetzen, färben
109 **illa** = Thisbe – **fuit:** übers. im Deutschen als Irrealis
110 **nostra** = mea – **nocēns, entis** schuldig – **miserandus, a, um** beklagenswert – **perimere, ō, ēmī, ēmptum** vernichten, töten
111 Lies: (ego), qui iussi, (ut) nocte in loca plena metūs venires – **metus, ūs m.** hier: Gefahr, Schrecken
112 **dīvellere, ō, vulsī, vulsum** zerreißen
113 **scelerātus, a, um** verbrecherisch, verflucht – **ferus, a, um** wild, grausam – **cōnsūmere, ō, sūmpsī, sūmptum** hier: verzehren, verschlingen – **vīscera, um n.** Eingeweide; Leib – **morsus, ūs m.** Biss
114 Lies: o leones, quicumque – **quīcumque** = omnes, qui – **rūpēs, is f.** Fels – **leō, onis m.** Löwe
115 **timidī est:** (Gen. possessivus) es zeugt von ... – **nex, necis f.** (gewaltsamer) Tod
116 **pactus, a, um** verabredet, vereinbart
117 **nōtae:** Attribut zu **vestī**
118 **haustus, ūs m.** (hier: poet. Pl.) das Vergießen
119 Lies: et ferrum, quō accinctus erat, in īlia dēmīsit – **accingere, ō, cīnxī, cīnctum** (um)gürten – **īlia, ium n.** Eingeweide; Leib
120 **nec mora (fuit)** = et sine morā – **fervēns, entis** brennend
121 **resupīnus, a, um** rücklings, auf dem Rücken – **humō** (hier:) am Boden – **ēmicāre, ō** emporspritzen
122 **Übers. V. 122–124:** nicht anders, als wenn ein Wasserrohr aus schadhaftem Blei platzt: Aus einem schmalen Riss schießen lange Wasserstrahlen zischend heraus und durchbrechen stoßweise die Luft.

eiaculatur aquas atque ictibus aera rumpit.
arborei fetus adspergine caedis in atram
vertuntur faciem, madefactaque sanguine radix
purpureo tinguit pendentia mora colore.
Ecce metu nondum posito, ne fallat amantem,
illa redit iuvenemque oculis animoque requirit,
quantaque vitarit narrare pericula gestit;
utque locum et visa cognoscit in arbore formam,
sic facit incertam pomi color: haeret, an haec sit.
dum dubitat, tremebunda videt pulsare cruentum
membra solum retroque pedem tulit oraque buxo
pallidiora gerens exhorruit aequoris instar,
quod tremit, exigua cum summum stringitur aura.
sed postquam remorata suos cognovit amores,
percutit indignos claro plangore lacertos
et laniata comas amplexaque corpus amatum
vulnera supplevit lacrimis fletumque cruori

---

125 **arboreus, a, um:** Adj. zu arbor, oris – **fētus, fētūs m.** Frucht – **adspergō (inis f.) caedis** das Bespritzen mit Blut
126 **faciēs, ēī f.** Gestalt, Aussehen – **madefacere** befeuchten – **rādīx, īcis f.** Wurzel
127 **purpureus, a, um** purpurrot, tiefrot – **mōrum, ī n.** Maulbeere
128 **metum pōnere** = metum deponere – **fallere** hier: enttäuschen
130 Lies: et gestit narrare, quanta pericula vita(ve)rit – **gestīre, iō** (m. Inf.) begehren, wünschen
131 f. **ut ... sīc** zwar ... aber
132 **pōmum, ī**: vgl. V. 89 – **haerēre, an** im Zweifel sein, ob
133 f. Lies: videt membra tremebunda pulsare cruentum solum – **tremebundus, a, um** zitternd, zuckend – **pulsāre, o** schlagen (auf) – **cruentus, a, um** blutbefleckt, blutig
134 **membrum, ī** (Körper-)Glied – **solum, ī** Boden, Erdboden – **retrō** (Adv.) zurück
134 f. **ōraque buxō pallidiōra gerēns** und während ihr Gesicht bleicher als Buchsbaum wurde (Das Holz des Buchsbaums war als bleich bekannt.)
135 **exhorrēscere, ō, horruī** erschauern – **aequor, oris n.** Wasserfläche, Meer – **īnstar** (m. Gen.) gleichwie
136 **tremere, ō, uī** zittern – **summum (aequor)** präd.: an der Oberfläche – **stringere, ō, strīnxī, strictum** leicht berühren, hinstreichen über
137 **remorārī, or** innehalten, verweilen – **amōres, um m.** hier: Geliebter
138 **percutere, iō, cussī, cussum** heftig schlagen – **indīgnī lacertī** Arme, die es nicht verdienen, unschuldig – **plangor, ōris m.** das Schlagen, Klatschen (als Zeichen der Trauer)
139 **laniārī comās** sich die Haare raufen – **amplectī, or, plexus sum** umarmen
140 **supplēre, eō, plēvī, pletum** (an)füllen – **flētus, ūs m.** das Weinen; Tränen

miscuit et gelidis in vultibus oscula figens
„Pyrame," clamavit, „quis te mihi casus ademit?
Pyrame, responde! tua te, carissime, Thisbe
nominat; exaudi vultusque attolle iacentes!"
ad nomen Thisbes oculos a morte gravatos
Pyramus erexit visaque recondidit illa.
Quae postquam vestemque suam cognovit et ense
vidit ebur vacuum, „tua te manus" inquit „amorque
perdidit, infelix! est et mihi fortis in unum
hoc manus, est et amor: dabit hic in vulnera vires.
persequar extinctum letique miserrima dicar
causa comesque tui; quique a me morte revelli
heu sola poteras, poteris nec morte revelli.
hoc tamen amborum verbis estote rogati,
o multum miseri meus illiusque parentes,
ut, quos certus amor, quos hora novissima iunxit,
conponi tumulo non invideatis eodem.
at tu quae ramis arbor miserabile corpus

---

141 **miscēre, eō, cui, mixtum** (hier: m. Dat.) mischen, vermischen (mit) – **gelidus, a, um** kalt
142 **quis** = quī
144 **exaudīre, iō** erhören – **attollere, ō** erheben
145 **gravāre, ō** beschweren, schwer machen
146 beachte die Kongruenz: **vīsā ... illā** – **recondere, ō, didī, ditum** hier: wieder schließen
147 **quae:** relativ. Satzanschluss – **ēnsis, is m.** Schwert
148 **ebur, eboris n.** Elfenbein; hier: Scheide aus Elfenbein
149 **īnfēlīx, īcis** unglückselig – **et** = etiam – **in ūnum hoc** für dieses eine (d. h. für den Selbstmord)
150 **hic:** gilt hier als lange Silbe – **in vulnera** zur Verwundung
151 f. Lies: persequar (te) extinctum et dicar miserrima causa comesque leti tui – **persequī, or, secūtus sum** hier: nachfolgen – **lētum, ī** Tod
152 **quīque** = et tu, quī – **revellere, ō, vulsī, vulsum** entreißen
153 **heu** ach, wehe! (Ausruf des Schmerzes) – **nec** hier: nicht einmal – (erg. ā mē) **revellī**
154 Beachte: **estōte rogātī hoc ... ut** um dieses lasst euch bitten, ... nämlich, dass – **ambōrum verbīs** im Namen von uns beiden
155 **meus illīusque parentēs** = parentes mei et parentes illius
156 f. Lies: ut non invideatis (nos), quos ... iunxit, (in) eodem tumulo componi – **novissimus, a, um** der jüngste, letzte
157 **compōnere, ō** hier: bestatten – **tumulus, ī**: vgl. V. 95 – **invidēre** hier: m. aci
158 f. Lies: at tu arbor, quae ... nunc tegis unius (et) mox (corpora) duorum tectura es, tene ... – **rāmus, ī** Ast, Zweig – **miserābilis, e** beklagenswert

nunc tegis unius, mox es tectura duorum,
signa tene caedis pullosque et luctibus aptos
semper habe fetus, gemini monimenta cruoris."
dixit et aptato pectus mucrone sub imum
incubuit ferro, quod adhuc a caede tepebat.
vota tamen tetigere deos, tetigere parentes:
nam color in pomo est, ubi permaturuit, ater,
quodque rogis superest, una requiescit in urna.'

Pyramus und Thisbe (pompejanische Wandmalerei, 1. Jh. n. Chr.)

160 **pullus, a, um** dunkelfarbig, schwarz – **lūctus, ūs m.** Trauer – **aptus, a, um** hier: m. Dat.

161 **fētus, ūs:** vgl. V. 125 – **geminus, a, um** zweifach, doppelt

162 **aptāre, ō** hier: ansetzen – **mucrō, ōnis m.** Schwertspitze – **pectus sub īmum** direkt unter der Brust

163 **incumbere, ō, cubuī** (m. Dat.) sich stürzen (in) – **tepēre, eō** warm sein

165 **pōmum, ī:** vgl. V. 89 – **ubi** hier: Konjunktion – **permātūrēscere, ō, tūruī** völlig reif werden

166 Lies: et id, quod rogis superest, requiescit in una urna – **rogus, ī** Scheiterhaufen (Die Leichname von Pyramus und Thisbe wurden verbrannt.) – **requiēscere, ō, quiēvī** ruhen – **urna, ae** Urne

Latona und die lykischen Bauern (Met. VI 313–381)

Die Episode von Latona und den lykischen Bauern folgt auf die Geschichte der Niobe, der Gemahlin des Königs Amphion von Theben. Aufgrund ihres Kinderreichtums (7 Söhne und 7 Töchter) war Niobe sehr stolz und fühlte sich der Göttin Latona überlegen, die nur zwei Kinder, das Zwillingspaar Apollon und Diana, hatte. Niobe verhöhnte daher Latona und forderte die Frauen von Theben auf, ihr statt Latona Opfer darzubringen. Um die Beleidigung ihrer Mutter zu rächen, töteten Apollon und Diana alle Kinder der Niobe. Vom Schmerz erstarrt, wurde Niobe in ihrer kleinasiatischen Heimat in einen weinenden Fels verwandelt.

Tunc vero cuncti manifestam numinis iram
femina virque timent cultuque inpensius omnes
magna gemelliparae venerantur numina divae;
utque fit, a facto propiore priora renarrant.
e quibus unus ait: 'Lyciae quoque fertilis agris
non inpune deam veteres sprevere coloni.
res obscura quidem est ignobilitate virorum,

Übersetzung der Verse 313–330:
Daraufhin fürchten alle, Frauen und Männer, den Zorn der Gottheit, der sich so offenbart hat. Alle verehren mit größerem Eifer (315) die gewaltige Macht der Göttin, der Zwillingsmutter. Und wie es zu geschehen pflegt, kommen sie von dem näherliegenden Ereignis auf frühere zu sprechen. Einer von ihnen sagt: „Auch auf den Feldern des fruchtbaren Lycien haben die Bauern der Vorzeit die Göttin nicht ungestraft verachtet. Die Geschichte ist zwar nicht berühmt, weil die Helden nicht vornehm sind, (320) aber sie ist wundersam. Ich habe mit eigenen Augen den Teich gesehen und die Stätte, die durch das Wunder bekannt wurde. Mir hatte nämlich mein Vater, als er schon älter und nicht mehr gut zu Fuß war, befohlen, auserlesene Rinder von dort nach Hause zu treiben; selbst hatte er mir einen einheimischen Führer mitgegeben. Während ich mit diesem die Viehweiden durchmusterte, (325) sah ich plötzlich mitten in einem See einen verwitterten Altar, schwarz von der Opferasche, von zitterndem Röhricht umgeben. Da blieb mein Führer stehen und sprach mit ängstlichem Murmeln: ‚Sei mir gnädig!', und ich murmelte ebenso: ‚Sei gnädig!' Ich wollte ihn gerade fragen, ob der Altar den Naiaden oder dem Faunus (330) oder einem einheimischen Gott geweiht sei, als der Fremde Folgendes erzählte:
(nach: M. v. Albrecht, 1994, a. a. O., S. 301 ff.)

313 ff. Mit der Gottheit (**nūmen**) ist Latona gemeint, die dem Jupiter das Zwillingspaar Apollo und Artemis gebar.
319 **īgnōbilitās, tātis f.:** bezeichnet die niedere Herkunft der lykischen Bauern. Das gemeine Volk war in der Antike nicht Gegenstand der Literatur. Daher wird diese Geschichte als **obscūra** – weniger bekannt – bezeichnet.

mira tamen. vidi praesens stagnumque locumque
prodigio notum; nam me iam grandior aevo
inpatiensque viae genitor deducere lectos
iusserat inde boves gentisque illius eunti
ipse ducem dederat. cum quo dum pascua lustro,
ecce lacu medio sacrorum nigra favilla
ara vetus stabat tremulis circumdata cannis.
restitit et pavido 'faveas mihi!' murmure dixit
dux meus, et simili 'faveas!' ego murmure dixi.
Naiadum Faunine foret tamen ara rogabam
indigenaene dei, cum talia rettulit hospes:
'non hac, o iuvenis, montanum numen in ara est:
illa suam vocat hanc, cui quondam regia coniunx
orbem interdixit, quam vix erratica Delos
orantem accepit, tum cum levis insula nabat.
illic incumbens cum Palladis arbore palmae
edidit invita geminos Latona noverca;
hinc quoque Iunonem fugisse puerpera fertur
inque suo portasse sinu, duo numina, natos.
iamque Chimaeriferae, cum sol gravis ureret arva,
finibus in Lyciae longo dea fessa labore
sidereo siccata sitim collegit ab aestu,

---

331 **montānus, a, um** auf Bergen wohnend, Berg-; gemeint sind die Najaden und Faunus.
332 **illa:** Gemeint ist Latona. – **vocāre** hier: m. dopp. Akk. – **hanc** (erg. āram) – **quondam** (Adv.) einst – **rēgia coniūnx**: Gemeint ist Juno, die Gattin Jupiters.
333 **interdīcere, ō, dīxī, dictum** untersagen, verbieten – **orbem interdixit**: Auf Veranlassung der eifersüchtigen Juno verweigert alle Welt der von Jupiter schwangeren Latona einen Ort für die Entbindung der Zwillinge. – **errāticus, a, um** umherirrend, -schwimmend
334 **levis** hier: prädikativ – **nāre, nō, nāvī** schwimmen
335 Lies: illic incumbens palmae atque arbori Palladis – **illīc** dort, an jenem Ort – **incumbere, ō, cubuī** (m. Dat.) sich stützen (auf) – **palma, ae** Palme
336 **geminī, ōrum** Zwillinge – **noverca, ae** Stiefmutter; gemeint ist Juno.
337 **puerpera, ae** die Gebärende, Wöchnerin – **fertur** (m. nci) man erzählt, (er, sie, es) soll
338 **portasse** = portāvisse – **sinus, ūs m.** Bausch des Kleides; Brust – **nātī, ōrum** Kinder
339 f. Lies: et, cum sol gravis arva ureret, dea longo labore fessa iam fuit in finibus Lyciae Chimaeriferae et, ... – **Chimaerifera Lycia** Lykien, die Heimat der Chimäre – **ūrere, ō, ussī, ustum** verbrennen, versengen – **arva, ōrum** Flur, Gegend
340 **fessus, a, um** müde, erschöpft
341 **sīdereus aestus (ūs m.)** Sonnenglut – **siccāre, ō** (aus)trocknen – **sitim colligere (ō, lēgī)** durstig werden

uberaque ebiberant avidi lactantia nati.
forte lacum mediocris aquae prospexit in imis
vallibus; agrestes illic fruticosa legebant
vimina cum iuncis gratamque paludibus ulvam.
accessit positoque genu Titania terram
pressit, ut hauriret gelidos potura liquores.
rustica turba vetat; dea sic adfata vetantes:
'quid prohibetis aquis? usus communis aquarum est;
nec solem proprium natura nec aëra fecit
nec tenues undas: ad publica munera veni;
quae tamen ut detis, supplex peto. non ego nostros
abluere hic artus lassataque membra parabam,
sed relevare sitim. caret os umore loquentis,
et fauces arent vixque est via vocis in illis.
haustus aquae mihi nectar erit, vitamque fatebor
accepisse simul: vitam dederitis in unda.
hi quoque vos moveant, qui nostro bracchia tendunt

---

342 **ūbera (um n.) lactantia** die Milch spendenden Brüste – **ēbibere, ō, bibī** aus-, leertrinken – **avidus, a, um** (be)gierig
343 **lacus (ūs m.) mediocris aquae** See, Wasser von mäßiger Tiefe – **prōspicere, iō, spexī, spectum** von fern erblicken, vor sich sehen – **in īmīs vallibus** ganz unten im Tal
344 **agrestis, is m.** Bauer – **fruticōsus, a, um** buschig
345 **vīmen, inis n.** Weide – **iuncus, ī** Binse – **ulva palūdibus grāta** Schilfgras, das gern in sumpfigem Gelände wächst
346 **genū pōnere** das Knie beugen – **Titānia, ae** die Titanentochter; gemeint ist Latona.
347 **haurīre, iō, hausī, haustum** schöpfen – **gelidus, a, um** kalt, kühl – **pōtūrus, a, um:** Part. Fut. von **pōtāre, ō** trinken; hier: m. finalem Sinn – **liquor, ōris m.** Flüssigkeit, Wasser
348 **rūsticus, a, um** ländlich, bäuerisch – **vetāre, ō, vetuī** nicht zulassen, verbieten – **affāta** (erg. est) – **affārī, or, affātus sum** ansprechen, anreden
349 **quid prohibētis** (erg. mē)
350 **proprium, ī** Eigentum – **āēr, āëris n.** Luft; **āëra:** (griech.) Akk. Sg.
351 **publica mūnera** was allen als Gemeingut zusteht
352 **quae:** relativ. Satzanschluss – **ut** (erg. mihi) **dētis – nostrōs** = meōs
353 **abluere, ō, luī, lūtum** (ab)waschen, reinigen – **artūs, uum m.** Leib – **lassātus, a, um** ermüdet – **membrum, ī** (Körper-)Glied
354 **sitim relevāre** den Durst löschen – **ūmor, ōris m.** Feuchtigkeit, Flüssigkeit
355 **faucēs, ium f.** Kehle, Rachen – **ārēre, eō, uī** trocken sein
356 **haustus, ūs m.** Schluck – **nectar, aris n.** Nektar; Nektar gilt als der Göttertrank. – Lies: et fatebor (me) simul (cum aqua) vitam accepisse.
357 **in undā** mit dem Wasser
358 (erg. ex) **nostrō sinu – nostrō**: vgl. V. 352 – **bracchium, ī** Arm

parva sinu', et casu tendebant bracchia nati.
quem non blanda deae potuissent verba movere?
hi tamen orantem perstant prohibere minasque,
ni procul abscedat, conviciaque insuper addunt;
nec satis est: ipsos etiam pedibusque manuque
turbavere lacus imoque e gurgite mollem
huc illuc limum saltu movere maligno.
distulit ira sitim; neque enim iam filia Coei
supplicat indignis nec dicere sustinet ultra
verba minora dea tollensque ad sidera palmas
'aeternum stagno' dixit 'vivatis in isto!'
eveniunt optata deae: iuvat esse sub undis
et modo tota cava submergere membra palude,
nunc proferre caput, summo modo gurgite nare,
saepe super ripam stagni consistere, saepe
in gelidos resilire lacus; sed nunc quoque turpes
litibus exercent linguas pulsoque pudore,
quamvis sint sub aqua, sub aqua maledicere temptant.

---

359 **sinus, ūs m.:** vgl. V. 338
360 **blandus, a, um** schmeichelnd
361 **perstāre, stō, stitī** (m. Inf.) darauf beharren – **prohibēre** (erg. aquis) – **minae, ārum** Drohungen
362 **nī** = nisī – **procul abscēdere, ō, cessī** das Weite suchen – **convīcium, ī** Beschimpfung, Schimpfwort – **īnsuper** (Adv.) überdies, obendrein
364 **turbāre, ō** trüben – **īmō ex gurgite** aus der Tiefe des Grundes
365 **līmus, ī** Schlamm – **saltus, ūs m.** Sprung – **mōvēre** = mōvērunt – **malīgnus, a, um** boshaft, böswillig
366 **fīlia Coei** Tochter des Coeus; gemeint ist Latona.
367 **supplicāre, ō** (m. Dat.) jmd. anflehen – **indīgnus, a, um** unwürdig – **ultrā** (Adv.) länger, weiterhin
368 **verba minōra** Worte, die dem Rang einer Göttin nicht entsprechen – **palma, ae** Hand
369 **aeternum** hier: Adverb – **stāgnum, ī** See, Teich
370 **iuvat** (m. Inf.) es macht (den Bauern) Spaß, Vergnügen
371 (erg. in) **cavā palūde** in der Tiefe des Sumpfes – **submergere, ō, mersī, mersum** versenken, untertauchen
372 **proferre, ō, tulī, lātum** herausstrecken – **summō gurgite** an der Oberfläche des Wassers – **nāre** schwimmen
373 **super** = in
374 **resilīre, iō** wieder hineinspringen
375 **līs, lītis f.** Streit
376 **quamvis** (m. Konj.) obwohl, obgleich – **maledīcere, ō, dīxī, dictum** lästern, schmähen

vox quoque iam rauca est inflataque colla tumescunt,
ipsaque dilatant patulos convicia rictus.
terga caput tangunt, colla intercepta videntur,
spina viret, venter, pars maxima corporis, albet,
limosoque novae saliunt in gurgite ranae.‘

Die Verwandlung der lykischen Bauern
(Kupferstich von Virgil Solis, aus der Ovid-Ausgabe Frankfurt 1563)

---

377 **raucus, a, um** rau – **īnflātus, a, um** aufgeblasen, aufgebläht – **collum, ī** Hals – **tumēscere, ō, tumuī** anschwellen

378 **dīlātāre, ō** ausdehnen, verbreitern – **patulus, a, um** offen, weit – **convīcium, ī:** vgl. V. 362 – **rictus, ūs m.** (aufgesperrtes) Maul

379 **intercipere, iō, cēpī, ceptum** (aus der Mitte) weg-, herausnehmen

380 **spīna, ae** Rücken – **virēre, eō** grün sein – **venter, tris m.** Bauch – **albēre, eō** weiß sein

381 **līmōsus, a, um** schlammig – **salīre, iō, luī** springen, hüpfen – **gurges, itis m.** Wasser, Pfuhl – **rāna, ae** Frosch

Daedalus und Ikarus (Met. VIII 183–235)

Daedalus lebte als Baumeister und Erfinder in seiner Heimatstadt Athen. Sein 12-jähriger Neffe, der bei ihm in die Lehre ging, erwies sich als äußerst begabt und erfindungsreich. Er erfand z. B. die Säge und den Zirkel. Dies erregte den Neid des Daedalus, der ihn von der Akropolis in die Tiefe stürzte. Daedalus musste daraufhin aus Athen fliehen und ging nach Kreta, wo er von König Minos aufgenommen wurde. Dieser ließ sich zwar von Daedalus das Labyrinth für den Minotaurus errichten, hielt ihn aber auf der Insel fest.

Daedalus interea Creten longumque perosus
exilium tactusque loci natalis amore
clausus erat pelago. 'terras licet' inquit 'et undas
obstruat, at caelum certe patet; ibimus illac!
omnia possideat, non possidet aëra Minos.'
dixit et ignotas animum dimittit in artes
naturamque novat. nam ponit in ordine pennas
a minima coeptas, longam breviore sequente,
ut clivo crevisse putes: sic rustica quondam
fistula disparibus paulatim surgit avenis.
tum lino medias et ceris alligat imas
atque ita conpositas parvo curvamine flectit,
ut veras imitetur aves. puer Icarus una

---

183 **Crētēn:** Akk. Sg. – **perōsus, a, um** (m. Akk.) hassend, voller Hass gegen
184 **locus nātālis** Geburtsort; gemeint ist Athen.
185 **pelagus, ī n.** Meer – **licet** (m. Konjunktiv) mag auch, wenn auch
186 **obstruere, ō, strūxī, strūctum** versperren – **illāc** (Adv.) auf diesem Wege
187 **āēr, āëris m.** Luft – **āëra:** Akk. Sg.
188 **animum dīmittere in** (m. Akk.) sich geistig befassen mit
189 **novāre, ō** neu schaffen, verändern – **penna, ae** Feder – **Übers.: V. 189 b–191 a:** Er legt nämlich Federn der Größe nach nebeneinander, angefangen mit der kleinsten, immer die längere neben die kürzere, sodass man glauben könnte, sie bildeten eine Böschung (M. v. Albrecht, 1994, a. a. O., S. 403).
191 **rūstica fistula** Hirtenflöte – **quondam** (Adv.) hier: manchmal, mitunter
192 **dispār, paris** verschieden lang – **paulātim** (Adv.) allmählich, nach und nach – **avēna, ae** Halm, Rohr
193 **mediās, īmās, conpositās** (erg. jeweils pennās) – **līnum, ī** Leinenschnur – **cēra, ae** Wachs – **alligāre, ō** festbinden – **īmus, a, um** der unterste; prädikativ: unten
194 **curvāmen, inis n.** Krümmung
195 **avis, is f.** Vogel – **Īcarus, ī:** Sohn des Daedalus – **ūnā stāre** dabei stehen

stabat et, ignarus sua se tractare pericla,
ore renidenti modo, quas vaga moverat aura,
captabat plumas, flavam modo pollice ceram
mollibat lusuque suo mirabile patris
inpediebat opus. postquam manus ultima coepto
inposita est, geminas opifex libravit in alas
ipse suum corpus motaque pependit in aura.
instruit et natum 'medio' que 'ut limite curras,
Icare,' ait 'moneo, ne, si demissior ibis,
unda gravet pennas, si celsior, ignis adurat.
inter utrumque vola! nec te spectare Booten
aut Helicen iubeo strictumque Orionis ensem:
me duce carpe viam!' pariter praecepta volandi
tradit et ignotas umeris accommodat alas.
inter opus monitusque genae maduere seniles,
et patriae temuere manus; dedit oscula nato

---

196 **īgnārus, a, um** hier: m. aci – **perīcla** = perīcula
197 **renīdēre, eō** vor Freude strahlen – Lies: modo captabat plumas, quas vaga aura moverat, modo mollibat ... – **vagus, a, um** flüchtig, hin- und herwehend
198 **captāre, ō** nach etw. greifen, haschen – **plūma, ae** Flaum, Flaumfeder – **flāvus, a, um** gelb, goldgelb – **pollex, icis m.** Daumen
199 **mollīre, iō** kneten, aufweichen – **lūsus, ūs m.** Spiel, Spielerei – **mīrābilis, e** sonderbar, erstaunlich
200 **ultimus, a, um** letzter – **coeptum, ī** das Beginnen, Unternehmen
201 **opifex, ficis m.** (Werk-)Meister, Erbauer – **lībrāre (aliquid) in geminās ālās** (etw.) gleichmäßig auf beide Flügel verteilen
203 **nātus, ī** Sohn – Lies: et ait: Icare, (te) moneo, ut (in) medio limite curras, ne, si demissior ibis, unda pennas gravet, (neve), si celsior (ibis), ignis (pennas) adurat. – **līmes, itis m.** Weg, Flugbahn – **currere, ō, cucurrī** hier: fliegen
204 **dēmissus, a, um** niedrig, tief
205 **gravāre, ō** beschweren, schwer machen – **celsus, a, um** hoch – **adūrere, ō, ussī, ustum** anbrennen, versengen
206 **volāre, ō** fliegen – **Boōtēs** (Akk. **-ēn**) ‚Ochsentreiber'; Sternbild, ebenso wie
207 **Helicē** (Akk. **-ēn**), ‚Großer Bär' – **Orīon, onis:** Diese Sternbilder des nördlichen Himmels waren Orientierungspunkte für die Seefahrer. – **stringere, ō, strīnxī, strictum** ziehen, zücken – **ēnsis, is m.** Schwert; Orion hat eigentlich die Form einer Keule, nach Ovid die eines gezückten Schwertes.
208 **pariter** (Adv.) zugleich
209 **tradit** (erg. **fīliō**) – **umerus, ī** Schulter – **accomodāre, ō** anpassen – **āla, ae** Flügel
210 **monitus, ūs m.** Ermahnung – **gena, ae** Wange, Augenhöhle – **madēscere, ō, maduī** nass werden – **senīlis, e** greis(enhaft)
211 **tremere, ō, tremuī** zittern – **ōsculum, ī** Kuss

non iterum repetenda suo pennisque levatus
ante volat comitique timet, velut ales, ab alto
quae teneram prolem produxit in aëra nido,
hortaturque sequi damnosasque erudit artes
et movet ipse suas et nati respicit alas.
hos aliquis, tremula dum captat harundine pisces,
aut pastor baculo stivave innixus arator
vidit et obstipuit, quique aethera carpere possent,
credidit esse deos. et iam Iunonia laeva
parte Samos (fuerant Delosque Parosque relictae),
dextra Lebinthos erat fecundaque melle Calymne,
cum puer audaci coepit gaudere volatu
deseruitque ducem caelique cupidine tractus
altius egit iter. rapidi vicinia solis
mollit odoratas, pennarum vincula, ceras;
tabuerant cerae: nudos quatit ille lacertos
remigioque carens non ullas percipit auras,
oraque caerulea patrium clamantia nomen

---

212 **(ōscula) nōn iterum repetenda** (Küsse), die sich nicht mehr wiederholen sollten
213 **āles, itis f.** Vogel – Lies: velut ales, quae teneram prolem ab alto nido produxit in aëra
214 **tener, era, erum** zart; jung – **prōlēs, is f.** Nachkommenschaft, Brut – **āëra**: vgl. V. 187 – **nīdus, ī** Nest
215 **hortaturque** (erg. fīlium) – **damnōsus, a, um** verderblich, verhängnisvoll – **ērudīre, iō** lehren, unterrichten in
216 **respicere, iō, spexī, spectum** zurückblicken auf
217-222 **Übers.**: Einer, der gerade mit zitternder Angelrute Fische fing, oder ein Hirte, der sich auf seinen Stock, oder ein Bauer, der sich auf den Pflug stützte, sahen diese und gerieten in Erstaunen; sie glaubten, diejenigen, die durch die Luft fliegen könnten, seien Götter. Und schon lagen das der Juno heilige Samos auf der linken (Delos und Paros hatten sie bereits hinter sich gelassen), Lebinthos und das honigreiche Calymne auf der rechten Seite, ...
223 **volātus, ūs m.** das Fliegen, Flug
225 **iter agere (ō, ēgī, actum)** einen Weg einschlagen – **rapidus, a, um** verzehrend, glühend – **vīcīnia, ae** Nähe
226 **mollīre:** vgl. V. 199 – **odōrātus, a, um** duftend
227 **tābēscere, ō, buī** schmelzen, sich auflösen – **quatere, iō** schwingen, rudern – **lacertus, ī** Arm
228 **rēmigium, ī** Ruderwerk; gemeint sind die Flügel. – **percipere, iō, cēpī, ceptum** erfassen, zu fassen bekommen
229 **ōra:** poet. Pl. – Beachte die Quantität von **caerulea – caeruleus, a, um** blau.

excipiuntur aqua, quae nomen traxit ab illo.
at pater infelix nec iam pater, 'Icare,' dixit,
'Icare,' dixit 'ubi es? qua te regione requiram?'
'Icare' dicebat: pennas aspexit in undis
devovitque suas artes corpusque sepulcro
condidit, et tellus a nomine dicta sepulti.

Sturz des Ikarus (Wandgemälde aus Pompeji, 1. Jh. n. Chr.) → Siehe auch Abbildung im Farbteil, S. 149.

230 Beachte die Quantität von **aqua.** – **nōmen trahere ā** den Namen erhalten von
231 **īnfēlīx, īcis** unglücklich
232 (erg. in) **quā regiōne**
234 **dēvovēre, eō, vōvī, vōtum** verfluchen – (erg. in) **sepulcrō** – **sepulcrum, ī** Grab
235 **tellūs dicta** (erg. est)

Philemon und Baucis (Met. VIII 611–724)

Auf dem Rückweg von der Kalydonischen Jagd werden Theseus und seine Begleiter von dem Flussgott Achelous aufgenommen. Nachdem dieser beim Mahl von der Verwandlung der Echinaden in Inseln erzählte, ergreift Pirithous, der Sohn des Ixion, das Wort.

Amnis ab his tacuit; factum mirabile cunctos
moverat: inridet credentes, utque deorum
spretor erat mentisque ferox, Ixione natus
'ficta refers nimiumque putas, Acheloe, potentes
esse deos,' dixit 'si dant adimuntque figuras.'
obstipuere omnes nec talia dicta probarunt,
ante omnesque Lelex animo maturus et aevo
sic ait: 'inmensa est finemque potentia caeli
non habet et, quicquid superi voluere, peractum est.
quoque minus dubites: tiliae contermina quercus
collibus est Phrygiis modico circumdata muro;
ipse locum vidi; nam me Pelopeia Pittheus
misit in arva suo quondam regnata parenti.
haud procul hinc stagnum est, tellus habitabilis olim,

---

611 **amnis, is m.:** Gemeint ist der Flussgott Achelous – **ab hīs** (hier: temporal) darauf – **mīrābilis, e** wunderbar, erstaunlich
612 ff. Lies: Ixione natus credentes inridet et, ut deorum spretor mentisque ferox erat, dixit: – **inridēre, eō, rīsī, rīsum** verlachen, verhöhnen – **ut** (hier: kausal) da, weil
613 **sprētor, ōris m.** Verächter – **Ixīone nātus** der Sohn des Ixion; gemeint ist Pirithous. – **mentis ferōx** = mente ferōcī
615 **sī dant adimuntque** ... = si dicis eōs dare et adimere ... – **figūra, ae** Gestalt, Aussehen
616 **obstipēscere, ō, puī** erstarren, sich entsetzen – **probārunt** = probavērunt
617 Lies: et ante omnēs – **aevum, ī** Alter
618 Lies: potentia caeli inmensa est finemque non habet – **inmēnsus, a, um** unermesslich, grenzenlos
619 **superī, ōrum** die Götter (des Himmels) – **peragere, ō, ēgī, actum** durchführen, vollenden
620 **quōque minus** = et ut eō minus – **tilia, ae** Linde – **conterminus, a, um** (m. Dat.) angrenzend, nahe bei – **quercus, ūs f.** Eiche
621 (erg. in) **collibus Phrygiīs**
622 **Pelopēia arva** Phrygien
623 **quondam** einst, ehemals – **parēns, entis m.** Vater – **parentī** (Dat. auctoris) = a parente
624 **stagnum, ī** See, Teich – **habitābilis, e** bewohnbar

nunc celebres mergis fulicisque palustribus undae.
Iuppiter huc specie mortali cumque parente
venit Atlantiades positis caducifer alis.
mille domos adiere locum requiemque petentes,
mille domos clausere serae; tamen una recepit,
parva quidem, stipulis et canna tecta palustri,
sed pia Baucis anus parilique aetate Philemon
illa sunt annis iuncti iuvenalibus, illa
consenuere casa paupertatemque fatendo
effecere levem nec iniqua mente ferendo.
nec refert, dominos illic famulosne requiras:
tota domus duo sunt, idem parentque iubentque.
ergo ubi caelicolae parvos tetigere penates
summissoque humiles intrarunt vertice postes,
membra senex posito iussit relevare sedili,
quo superiniecit textum rude sedula Baucis;
inque foco tepidum cinerem dimovit et ignes
suscitat hesternos foliisque et cortice sicco
nutrit et ad flammas anima producit anili
multifidasque faces ramaliaque arida tecto
detulit et minuit parvoque admovit aëno,
quodque suus coniunx riguo conlegerat horto,
truncat holus foliis; furca levat ille bicorni

---

625 **celeber, bris, bre** bevölkert (von) – **mergus, ī** Taucher(vogel) – **fulica, ae** Wasserhuhn – **palūster, tris, e** im Sumpf lebend, Sumpf-

626 **Iuppiter huc** (erg. vēnit)

627 **pōnere** hier: ablegen – **cādūcifer, ferī m.** den Heroldsstab tragend – **āla, ae** hier: Flügelschuh; der Heroldsstab und die Flügelschuhe sind Kennzeichen Merkurs.

628 **adiēre = adiērunt – requiēs, ēī f.** Ruhe, Erholung – **locum requiemque** = locum requiei

629 **clausēre** = clausērunt – **sera, ae** Riegel, Querbalken – **recēpit** (erg. eōs)

630 **stipulae, ārum** Stroh – **canna, ae** Rohr, Schilf

631 **pius, a, um** fromm – **anus, ūs f.** Greisin, alte Frau – **parilis, e** gleich

632 f. Lies: (in) illā casā iunctī sunt ..., (in) illā casā consenuērunt ... – **iuvenālis, e** jugendlich

633 f. **cōnsenēscere, ō, nuī** miteinander alt werden – **casa, ae** Hütte – Lies: et paupertatem fatendō nec iniquā mente ferendō (eam) effecerunt levem – **paupertās, ātis f.** Armut

635 **nec rēfert,** (erg. utrum) ... **-ne** und es spielt keine Rolle, ob ... oder – **illīc** dort – **famulus, ī** Diener

636 **īdem** = iīdem

637 **penātēs, ium m.** die Penaten, Schutzgötter der Familie und des Staates; auch metonymisch für: Haus, Wohnung

sordida terga suis nigro pendentia tigno
servatoque diu resecat de tergore partem
exiguam sectamque domat ferventibus undis.
interea medias fallunt sermonibus horas
sentirique moram prohibent. erat alveus illic
fagineus, dura clavo suspensus ab ansa:
is tepidis inpletur aquis artusque fovendos
accipit. in medio torus est de mollibus ulvis
inpositus lecto sponda pedibusque salignis.
vestibus hunc velant, quas non nisi tempore festo
sternere consuerant, sed et haec vilisque vetusque
vestis erat, lecto non indignanda saligno.
adcubuere dei. mensam succincta tremensque
ponit anus, mensae sed erat pes tertius inpar:
testa parem fecit; quae postquam subdita clivum
sustulit, aequatam mentae tersere virentes.
ponitur hic bicolor sincerae baca Minervae
conditaque in liquida corna autumnalia faece
intibaque et radix et lactis massa coacti
ovaque non acri leviter versata favilla,
omnia fictilibus. post haec caelatus eodem
sistitur argento crater fabricataque fago
pocula, qua cava sunt, flaventibus inlita ceris.
parva mora est, epulasque foci misere calentes,
nec longae rursus referuntur vina senectae

---

655 ff. Beim Essen lagen die Römer um einen Tisch herum auf gepolsterten Speisesofas.

664 **bicolor sincērae bāca Minervae:** Die Olive, die grün gepflückt wurde, wurde im späteren Reifestadium schwarz. Sie ist der jungfräulichen Minerva heilig, da diese sie den Athenern geschenkt hatte.

668 ff. **caelātus eōdem ... argentō crātēr:** d. h. ebenso ‚vornehm' wie das vorher genannte Geschirr aus Ton.

672 Gewöhnlich wurde mit jedem Gang der Wein gewechselt. Man begann mit einem jungen, leichten Wein und endete mit alten, gehaltvollen Weinen, die teuer waren.

Übersetzung der Verse 637-678:

Kaum hatten die Himmelsbewohner das kleine Haus betreten und mit gesenktem Scheitel die niedrige Tür durchschritten, lud der Alte sie ein, den müden Gliedern Erholung zu gönnen, und bot ihnen einen Sitz an; (640) die geschäftige Baucis warf ein grobes Gewebe darüber. Im Herd schob sie dann die warme Asche zur Seite: Sie rüt-

dantque locum mensis paulum seducta secundis.
hic nux, hic mixta est rugosis carica palmis
prunaque et in patulis redolentia mala canistris
et de purpureis conlectae vitibus uvae;
candidus in medio favus est. super omnia vultus
accessere boni nec iners pauperque voluntas.
Interea totiens haustum cratera repleri
sponte sua per seque vident succrescere vina:

---

telt das Feuer von gestern wieder auf, nährt es mit Laub und trockener Rinde und bringt es mit ihrem greisenhaften Atem zum Aufflammen. Dann hat sie gespaltenes Brennholz und dürres Reisig vom Dachboden heruntergetragen, (645) es zerkleinert und unter das eherne Kesselchen gelegt.

Den Kohl, den ihr Mann im bewässerten Garten geholt hatte, entblättert sie. Mit einer zweizinkigen Gabel nimmt Philemon den geräucherten Schweinsrücken, der am rußgeschwärzten Dachbalken hängt, schneidet von dem lang aufgesparten Stück (650) ein schmales Scheibchen ab und kocht es im siedenden Wasser weich.

Inzwischen vertreiben sie den Gästen die Wartezeit mit Gesprächen und täuschen sie über die Verzögerung hinweg. Dort war ein Kübel aus Buchenholz; mit dem kräftigen Henkel hatte man ihn an einem Pflock aufgehängt. Dieses Gefäß wird mit lauem Wasser gefüllt, sodass die Gäste sich darin die Glieder wärmen können. (655) In der Mitte liegt ein Polster aus weichem Flussschilf auf einem Sofa, dessen Gestell und Füße aus Salweidenholz sind. Tücher decken sie darüber, die sie sonst nur an Festtagen ausbreiteten. Doch auch die waren ärmlich und alt, und das Speisesofa aus Weidenholz brauchte sich vor ihnen nicht zu schämen. (660) Die Götter legten sich zum Mahle nieder. Den Tisch deckte die Alte im hochgeschürzten Gewand mit zitternden Händen. Doch das dritte der Tischbeine war zu kurz: Eine Scherbe glich es aus. Kaum hat diese Unterlage die Schräge beseitigt, wischt grünende Minze die jetzt ebene Tafel ab. Da werden zweifarbige Oliven aufgetischt – die Beeren der keuschen Minerva –, (665) herbstliche Kornelkirschen, in flüssiger Hefe eingemacht, Endivien, Radieschen, weißer Käse und Eier, leicht umgedreht in schwacher Glut, alles in Gefäßen aus Ton. Danach wird ein aus demselben Edelmetall ziselierter Mischkrug aufgestellt (670) und Becher aus Buchenholz, die innen mit Wachs ausgestrichen sind. Es dauerte nicht mehr lange, da gab der Herd die heißen Speisen her. Nochmals wird der junge Wein aufgetragen. Dann macht er, etwas beiseite gestellt, dem Nachtisch Platz: Nüsse gibt es, getrocknete Feigen mit runzligen Datteln vermischt, (675) Pflaumen, duftende Äpfel in ausladenden Körben, Trauben von purpurnen Reben. Schimmernd liegt in der Mitte eine Honigwabe. Zu alledem kamen die freundlichen Gesichter hinzu und ein guter Wille, der weder träge noch ärmlich war.

(nach: M. v. Albrecht, 1994, a. a. O., S. 433 ff.)

679 **totiens** (Adv.) so oft – **haurīre, iō, hausī, haustum** leerschöpfen – **crātēr, ēris m.,** Akk. Sg. **-ēra** Mischkrug; in der Antike wurde in der Regel Wein mit Wasser vermischt. – **replērī** sich wieder füllen

680 **sponte suā:** bezieht sich auf **replērī** und **per sē** auf **succrēscere** – **succrēscere, ō, crēvī** (von unten) nachwachsen, sich ergänzen

attoniti novitate pavent manibusque supinis
concipiunt Baucisque preces timidusque Philemon
et veniam dapibus nullisque paratibus orant.
unicus anser erat, minimae custodia villae,
quem dis hospitibus domini mactare parabant;
ille celer penna tardos aetate fatigat
eluditque diu tandemque est visus ad ipsos
confugisse deos: superi vetuere necari
'di' que 'sumus, meritasque luet vicinia poenas
inpia' dixerunt; 'vobis inmunibus huius
esse mali dabitur. modo vestra relinquite tecta
ac nostros comitate gradus et in ardua montis
ite simul!' parent ambo baculisque levati
nituntur longo vestigia ponere clivo.
tantum aberant summo, quantum semel ire sagitta
missa potest: flexere oculos et mersa palude
cetera prospiciunt, tantum sua tecta manere.

---

681 **attonitus, a, um** bestürzt, verblüfft – **novitās, ātis f.** Neuheit, das Unerhörte – **pavēre, eō, pāvī** zittern, Angst haben – **supīnus, a, um** nach oben gekehrt; beim Gebet wurden die Handflächen dem Himmel zugewandt.

682 **precēs concipere, iō** beten

683 **venia, ae** Nachsicht, Verzeihung – **daps, dapis f.** Speise – **nūllus parātus (ūs m.)** das Fehlen jeglicher Pracht

684 **ūnicus, a, um** ein einziger – **ānser, eris m.** Gans – **minimus, a, um** winzig

685 Übers. **dīs** adjektivisch – **dīs** = deis – **dominī** (erg. vīllae) – **mactāre, ō** schlachten

686 **penna, ae** Feder, Flügel – **fatīgāre, ō** ermüden

687 **ēlūdere, dō, lūsī, lūsum** entkommen; zum Besten halten

688 **cōnfugere, iō, fūgī** seine Zuflucht nehmen – **cōnfugisse** = confugere – **vetāre, uī** verbieten

689 **poenās luere, ō** Strafe zahlen, büßen – **vīcīnia, ae** Nachbarschaft

690 **inpius, a, um** gottlos – Lies: vobis dabitur inmunibus esse huius mali – **inmūnis, e** (m. Gen.) verschont, unberührt (von)

692 **comitāre, ō** begleiten – **arduum, ī** steile Anhöhe

693 **simul** (erg. nōbiscum) – **ambō, ōrum** beide – **baculum, ī** Stock – **levātus, a, um** hier: gestützt

694 **longō vestīgia pōnere clīvo** den langen Weg Schritt für Schritt hinaufsteigen

695 (erg. ā monte) **summō – mōns summus** Gipfel des Berges – **semel** (Adv.) einmal; bezieht auf **missa – sagitta, ae** Pfeil

696 **mersus, a, m** versunken – **mersa** (erg. esse) – **palūs, ūdis f.** Sumpf, Morast – (erg. in) **palūde**

697 **prōspicere, iō, spexī, spectum** hier: sehen, erblicken

dumque ea mirantur, dum deflent fata suorum,
illa vetus dominis etiam casa parva duobus
vertitur in templum: furcas subiere columnae,
stramina flavescunt aurataque tecta videntur
caelataeque fores adopertaque marmore tellus.
talia tum placido Saturnius edidit ore:
'dicite, iuste senex et femina coniuge iusto
digna, quid optetis.' cum Baucide pauca locutus
iudicium superis aperit commune Philemon:
'esse sacerdotes delubraque vestra tueri
poscimus, et quoniam concordes egimus annos,
auferat hora duos eadem, nec coniugis umquam
busta meae videam neu sim tumulandus ab illa.'
vota fides sequitur: templi tutela fuere,
donec vita data est; annis aevoque soluti
ante gradus sacros cum starent forte locique
narrarent casus, frondere Philemona Baucis,
Baucida conspexit senior frondere Philemon.
iamque super geminos crescente cacumine vultus

---

698 **dēflēre, eō, flēvī, flētum** beweinen, beklagen – **suī, ōrum** hier: Nachbarn
699 Lies: illa vetus casa etiam duobus dominis (nimis) parva
700 **furca, ae** gabelförmiger Pfeiler (zum Stützen des Daches) – **subiēre** = subierunt – **subīre, eō, iī** (m. Akk.) hier: an die Stelle treten (von) – **columna, ae** Säule
701 **strāmina, um n.** Strohgeflecht (auf dem Dach) – **flāvēscere, ō** goldgelb werden – **aurātus, a, um** vergoldet
702 **caelātus, a, um** ziseliert, verziert – **forēs, ium f.** die Türflügel – **adopertus, a, um** bedeckt – **marmor, oris n.** Marmor
705 **Baucide:** Abl. Sg.
706 **superī, ōrum:** vgl. V. 619
707 **dēlūbrum, ī** Tempel, Heiligtum; hier: poet. Pl.
708 **poscere, ō:** hier: bitten – **concors, cordis** einmütig, in Eintracht – **annōs agere** die Jahre verbringen
709 (erg. nōs) **duōs**
710 **bustum, ī** (Leichen-)Brandstätte; Grab – **neu** = nēve – **tumulāre, ō** begraben
711 **tūtēla, ae** Hüter, Aufseher – **fuēre** = fuērunt
712 **vīta** (erg. iīs) **dāta est** – Lies: cum annis aevoque soluti forte starent ante gradus sacros et casus loci narrarent, ... – **aevum, ī** Alter
714 **frondēre, eō** sich belauben – **Philēmona:** Akk. Sg.
715 **Baucida:** Akk. Sg. – **senior** = senex
716 ff. Lies: et cacumine super geminos vultus iam crescente mutua dicta reddebant, dum licuit, et 'vale o coniunx' simul dixerunt – **geminus, a, um** beide – **cacūmen, inis n.** Baumwipfel

mutua, dum licuit, reddebant dicta 'vale' que
'o coniunx' dixere simul, simul abdita texit
ora frutex: ostendit adhuc Thyneius illic
incola de gemino vicinos corpore truncos.
haec mihi non vani (neque erat, cur fallere vellent)
narravere senes; equidem pendentia vidi
serta super ramos ponensque recentia dixi
'cura deum di sint, et, qui coluere, colantur.'

Merkur und Jupiter bei Philemon und Baucis (Holzschnitt von Chr. Murer/M. Brommen, in der Metamorphosen-Ausgabe von Gregor Bersmann, Leipzig 1590)

---

717 **mūtua dicta reddere** Worte wechseln – **valē!** leb wohl!
718 **abditus, a, um** verborgen
719 **frutex, icis m.** Geäst, Strauchwerk – **Thȳnēïus incola** Bewohner des Thynos-Landes am Bosporus – **illīc** dort, an jenem Ort
720 **dē geminō corpore** (erg. ortōs) aus beiden Körpern (entstanden) – **vīcīnus, a, um** benachbart, nebeneinander stehend – **truncus, ī** Baumstamm; Bäume gelten nach antikem Empfinden als göttliche Wesen.
721 **vānus, a, um** unglaubwürdig – **nōn est cūr** es gibt keinen Grund dafür, dass
722 f. Lies: equidem serta super ramos pendentia vidi et ponens recentia (serta) dixi ...
723 **serta, orum** Kränze, Blumengebinde – **ramus, i** Zweig, Ast
724 **deum** = deōrum – **cura deum** diejenigen, für die die Götter sorgten – **dī** = deī – **et** (erg. iī), **quī**

Orpheus und Eurydike (Met. X 1-77)

Das neunte Buch der Metamorphosen ist mit dem zehnten durch Hymenaeus, den Gott der Hochzeit, verbunden. Nach der Hochzeit des Iphis und der Ianthe auf Kreta (IX 666–797) kommt Hymenaeus zu der des Orpheus und der Eurydike nach Thrakien.

Inde per inmensum croceo velatus amictu
aethera digreditur Ciconumque Hymenaeus ad oras
tendit et Orphea nequiquam voce vocatur.
adfuit ille quidem, sed nec sollemnia verba
nec laetos vultus nec felix attulit omen.
fax quoque, quam tenuit, lacrimoso stridula fumo
usque fuit nullosque invenit motibus ignes.
exitus auspicio gravior. nam nupta per herbas
dum nova Naiadum turba comitata vagatur,
occidit in talum serpentis dente recepto.
quam satis ad superas postquam Rhodopeïus auras

---

1 Lies: Inde Hymenaeus croceo amictu velatus per inmensum aethera digreditur – **inde:** Gemeint ist die Hochzeit von Iphis auf Kreta. – **inmēnsus, a, um** unermesslich, grenzenlos – **croceus, a, um** safrangelb – **vēlāre, ō** verhüllen, bekleiden – **amictus, ūs m.** Mantel, Gewand
2 **aethēr, eris m.** (Akk.: **-era**) Himmel – **dīgredī, ior, dīgressus** weggehen, sich entfernen
3 **nēquīquam** (Adv.) vergeblich, umsonst
4 **sollemnis, e** feierlich, festlich
5 **ōmen, inis n.** Vorzeichen
6 **fax, facis f.** Fackel, Hochzeitsfackel. Die Braut wurde abends unter Fackelbegleitung in das Haus des Mannes geführt. Das mehr oder weniger gute Brennen der Fackel galt als ein Vorzeichen für die Ehe. – **lacrimōsus, a, um** Tränen erregend, beißend – **strīdulus, a, um** zischend – **fūmus, ī** Rauch, Qualm
7 **ūsque** (Adv.) immerfort, ununterbrochen – **mōtus, ūs m.** Bewegung, Schwingen; hier: (m. konzessivem Sinn) trotz
8 **auspicium, ī** Vorzeichen – **gravior** (erg. erat) – **nūpta nova** die Neuvermählte – **herba, ae** Gras, Rasen
9 **comitātus, a, um** begleitet von – **vagārī, or, vagātus sum** umherstreifen, -ziehen
10 **occidere, ō, occidī** umkommen – **in tālum serpentis dente receptō** weil sie von einer Schlange in die Ferse gebissen wurde
11. ff. Lies: Quam postquam Rhodopeius vates satis ad superas auras deflevit, Taenariā portā ausus est descendere ad Styga, ne non et umbras temptaret – **quam:** relativ. Satzanschluss – **superae aurae** die Lüfte des Himmels, d. h. die Götter der Oberwelt – **Rhodopēïus vātes** der Sänger vom Rhodopegebirge (in Thrakien); gemeint ist Orpheus.

deflevit vates, ne non temptaret et umbras,
ad Styga Taenaria est ausus descendere porta
perque leves populos simulacraque functa sepulcro
Persephonen adiit inamoenaque regna tenentem
umbrarum dominum pulsisque ad carmina nervis
sic ait: 'O positi sub terra numina mundi,
in quem reccidimus, quidquid mortale creamur:
si licet et falsi positis ambagibus oris
vera loqui sinitis: non huc, ut opaca viderem
Tartara, descendi, nec uti villosa colubris
terna Medusaei vincirem guttura monstri:
causa viae coniunx, in quam calcata venenum
vipera diffudit crescentesque abstulit annos.
posse pati volui nec me temptasse negabo:
vicit Amor. supera deus hic bene notus in ora est;
an sit et hic, dubito. sed et hic tamen auguror esse,

---

12 **dēflēre, eō** beweinen, beklagen – **nē nōn temptāret** um nicht unversucht zu lassen – **et** = etiam – **umbrae, ārum:** Die Unterwelt ist von körperlosen Wesen bevölkert, von denen nur die Schatten ihrer ehemaligen Existenz übriggeblieben sind.
13 **Styga:** Akk. Sg. von Styx – **Taenaria porta** die taenarische Pforte
14 **simulācra functa sepulcrō** die Schattenbilder der Bestatteten
15 **Persephonēn:** Akk. Sg. – **inamoenus, a, um** unschön, unwirtlich
16 **dominus, ī:** gemeint ist Pluto, Gatte der Persephone und Herrscher über die Unterwelt. – **nervōs pellere (ō, pulsī, pulsum)** die Saiten (der Leier) schlagen
17 **positus, a, um** = situs, a, um – **mundus, i** Welt, Erde
18 **reccidere, ō, reccidī** zurückfallen, -sinken – **quidquid mortāle creāmur** = nos omnes, qui mortales creamur
19 **falsī positīs ambāgibus ōris** ohne trügerische Umschweife
20 **opācus, a, um** finster, dunkel
21 **Übersetzung V. 21 b–22:** auch nicht, um die von Nattern umringelten drei Hälse des Medusischen Ungeheuers zu fesseln – **Medusaeum monstrum:** Damit ist Cerberus, der dreiköpfige Höllenhund gemeint, dessen Aussehen so schauerlich ist wie das der Medusa. Ihr Anblick lässt jeden, der sie sieht, zu Stein werden. – Mit **vincīre** (fesseln) wird auf Herakles angespielt, der in die Unterwelt hinabstieg und Cerberus gefesselt in die Oberwelt entführte.
23 **coniūnx** (erg. est) – Lies: in quam vipera calcata venenum diffudit – **vīpera calcāta** eine Schlange, auf die sie (Eurydike) getreten war
24 **diffundere, ō, fūdī, fūsum** ergießen, spritzen – **crēscentēs annī** die jungen Jahre
26 **superā in ōrā** in der oberen Welt
27 **an** (erg. nōtus) **sit** – **et** = etiam – **augurārī, or** vermuten – (erg. eum nōtum) **esse**

famaque si veteris non est mentita rapinae,
vos quoque iunxit Amor. per ego haec loca plena timoris,
per Chaos hoc ingens vastique silentia regni,
Eurydices, oro, properata retexite fata!
omnia debemur vobis paulumque morati
serius aut citius sedem properamus ad unam.
tendimus huc omnes, haec est domus ultima, vosque
humani generis longissima regna tenetis.
haec quoque, cum iustos matura peregerit annos,
iuris erit vestri: pro munere poscimus usum.
quod si fata negant veniam pro coniuge, certum est
nolle redire mihi: leto gaudete duorum!'
talia dicentem nervosque ad verba moventem
exsangues flebant animae; nec Tantalus undam
captavit refugam stupuitque Ixionis orbis,
nec carpsere iecur volucres, urnisque vacarunt
Belides, inque tuo sedisti, Sisyphe, saxo.

---

28 **mentītus, a, um** erlogen, erdichtet – **rapīna:** Persephone wurde von Pluto in die Unterwelt entführt, weil er sie zur Frau haben wollte.
29 **(orāre) per** bei etw. (bitten); Beschwörungsformel
30 **vāstus, a, um** öde, leer – **silentium, ī** das Schweigen, Stille
31 **Eurydicēs:** Gen. Sg. – **properāta fāta** das verfrühte Todesschicksal – **retexere, ō, texuī, textum** wieder auftrennen, rückgängig machen. Das Lebensschicksal stellte man sich als Lebensfaden vor. Von den drei Parzen (Schicksalsgöttinnen) spinnt Klotho den Lebensfaden, Lachesis teilt das Lebenslos zu und Atropos schneidet den Faden durch.
32 **omnia dēbēmur vōbīs** wir sind euch in allem verfallen, bestimmt – **paulum** (Adv.) eine Weile – **morātī** (erg. in terrā)
33 **citus, a, um** schnell, rasch
34 **ultimus, a, um** der letzte
36 **iūstī annī** die (einem Menschen) zustehenden Jahre – **peragere, ō, ēgī, actum** vollenden; verbringen
37 **iūris erit vestrī** sie wird euch gehören – **ūsus, ūs m.** hier: Leihgabe
38 **venia, ae** Gnade, Nachsicht – **mihī certum est** ich bin fest entschlossen
39 **lētum, ī** Tod
40 **nervōs movēre** die Saiten schlagen; vgl. V. 16
41 **exsanguis, e** blutleer, bleich
42 **captāre, ō** greifen nach – **refugus, a, um** zurückweichend – **stupescere, ō, stupuī** still stehen – **Ixīonis orbis** das Rad des Ixion
43 **iecur, oris n.** Leber – **volucris, is f.** Vogel, Geier; Anspielung auf den Büßer Tityos – **urnīs vacā(vē)runt** sie ließen ihre Krüge ruhen

tunc primum lacrimis victarum carmine fama est
Eumenidum maduisse genas; nec regia coniunx
sustinet oranti nec, qui regit ima, negare:
Eurydicenque vocant. umbras erat illa recentes
inter et incessit passu de vulnere tardo.
hanc simul et legem Rhodopeïus accipit Orpheus,
ne flectat retro sua lumina, donec Avernas
exierit valles; aut inrita dona futura.
carpitur adclivis per muta silentia trames,
arduus, obscurus, caligine densus opaca.
nec procul afuerunt telluris margine summae:
hic, ne deficeret, metuens avidusque videndi
flexit amans oculos: et protinus illa relapsa est
bracchiaque intendens prendique et prendere certans
nil nisi cedentes infelix adripit auras.
iamque iterum moriens non est de coniuge quicquam
questa suo (quid enim nisi se quereretur amatam?)

---

45 f. Lies: fama est tunc primum genas Eumenidum carmine victarum maduisse – **tunc** (Adv.) damals
46 **madēscere, ō, maduī** nass, feucht werden – **gena, ae** Wange
47 **nec** (erg. is), **quī** – **īma, ōrum n.** Reich der Tiefe, Unterwelt
48 f. Lies: illa inter umbras recentes erat
49 **incēdere, ō, cessī** (einher)gehen, -schreiten – **dē** hier: wegen
51 **nē:** gibt Inhalt der Bedingung an – **retrō** (Adv.) zurück – **Avernae vallēs** die Täler des Averner Sees
52 **inritus, a, um** ungültig, unwirksam – **futūra** (erg. esse)
53 **carpitur trāmes** der Pfad wird Schritt für Schritt zurückgelegt – **adclīvis, e** ansteigend – **mūtus, a, um** lautlos
54 **arduus, a, um** steil – **cālīgo, inis f.** Nebel, Qualm – **dēnsus, a, um** dicht erfüllt – **opācus, a, um** dunkel, finster
55 **tellūris (ā) margine summae** vom Rand der Erdoberfläche
56 Lies: hic metuens, ne deficeret, et avidus (eam) videndi – **avidus, a, um** (m. Gerundium) begierig (etw. zu tun)
57 **prōtinus** (Adv.) sofort, sogleich – **relābī, lābor, lāpsus sum** zurücksinken, zurückgleiten
58 **bracchium, ī** Arm – **prēndere, ō, dī, prēnsum** fassen, ergreifen
59 **adripere, iō, ripuī, reptum** greifen, fassen
60 f. Lies: Iamque iterum moriens (Eurydice) non quicquam questa est de coniuge suo; quid enim quereretur nisi se amatam (esse)? – **nōn quicquam** überhaupt nicht, mit keinem Wort
61 **quid quererētur nisī ...?** worüber hätte sie klagen sollen, außer ...?

supremumque 'vale', quod iam vix auribus ille
acciperet, dixit revolutaque rursus eodem est.
non aliter stupuit gemina nece coniugis Orpheus,
quam tria qui timidus, medio portante catenas,
colla canis vidit; quem non pavor ante reliquit,
quam natura prior saxo per corpus oborto;
quique in se crimen traxit voluitque videri
Olenos esse nocens, tuque, o confisa figurae,
infelix Lethaea, tuae, iunctissima quondam
pectora, nunc lapides, quos umida sustinet Ide.
orantem frustraque iterum transire volentem
portitor arcuerat: septem tamen ille diebus
squalidus in ripa Cereris sine munere sedit;
cura dolorque animi lacrimaeque alimenta fuere.
esse deos Erebi crudeles questus in altam
se recipit Rhodopen pulsumque aquilonibus Haemum.

---

62 **suprēmus, a, um** der letzte – **valē** lebe wohl – **quod ... acciperet:** Relativsatz mit konsekutivem Sinn
63 **revolvī, or, revolūtum** zurückfallen, -sinken – **eōdem** an denselben Ort
64 **stupēre, eō, stupuī** erstarren, entsetzt sein – **geminus, a, um** zweifach, doppelt – **nex, necis f.** Tod
65 **Übersetzung V. 65–71:** wie der Mann, der voll Grauen die drei Hälse des Höllenhundes – den mittleren in Ketten – erblickte und den die Angst nicht eher verließ als seine bisherige Natur, da sein Leib zu Stein wurde, oder wie Olenus, der den Vorwurf auf sich selbst lenkte und als der Schuldige gelten wollte, und du, unglückliche Lethaea – allzu viel hast du dir auf deine Schönheit eingebildet –; einst wart ihr zwei eng verbundene Herzen, jetzt seid ihr Steine auf dem quellenreichen Ida (M. v. Albrecht, 1994, a. a. O., S. 515).
66 Mit dem dreiköpfigen Höllenhund ist Cerberus gemeint (vgl. Anm. zu V. 21 f.).
73 **portitor, ōris m.** Fährmann; gemeint ist Charon, der die Schatten der Toten über die Unterweltsströme transportiert und sie an das Tor der Unterwelt (Hades) bringt.
74 **squālidus, a, um** schmutzig, verwahrlost; die Vernachlässigung der Körperpflege war Ausdruck der Trauer. – **mūnus Cereris** Gabe der Ceres; Nahrung
75 **alimentum, ī** Nahrung, Speise
77 **Rhodopēn:** Akk. Sg. – **aquilō, ōnis m.** Nordwind

Hermes, Eurydike und Orpheus
(römische Kopie eines attischen Reliefs, um 409 v. Chr.)

Orpheus blickt zurück
(Kupferstich von Johann Wilhelm Baur, 1641, in der Ausgabe von Ovids Metamorphosen Nürnberg 1650).

Pygmalion (Met. X 243–297)

Nach dem endgültigen Verlust Eurydikes verschmähte Orpheus die Liebe zu Frauen. Auf seinem Weg durch Thrakien sang er unter anderem von den Cereasten, den Ureinwohnern Zyperns, die die Liebesgöttin Venus durch Menschenopfer beleidigten und dafür in Stiere verwandelt wurden. Auch die Propoetiden, die Töchter des Propoetus, wurden von Venus bestraft. Der Lebenswandel dieser Frauen bildet den Ausgangspunkt der Geschichte Pygmalions.

Sunt tamen obscenae Venerem Propoetides ausae
esse negare deam; pro quo sua, numinis ira,
corpora cum forma primae vulgasse feruntur:
utque pudor cessit sanguisque induruit oris,
in rigidum parvo silicem discrimine versae.
Quas quia Pygmalion aevum per crimen agentis
viderat, offensus vitiis, quae plurima menti
femineae natura dedit, sine coniuge caelebs
vivebat thalamique diu consorte carebat.
interea niveum mira feliciter arte
sculpsit ebur formamque dedit, qua femina nasci
nulla potest, operisque sui concepit amorem.
virginis est verae facies, quam vivere credas

Übersetzung der Verse 238–242:
Dennoch wagten es die schamlosen Propoetiden, die Gottheit der Venus zu leugnen. Zur Strafe dafür sollten sie, weil ihnen die Göttin zürnte, als erste ihren Leib und ihre Schönheit öffentlich preisgegeben haben. Und sobald die Scham gewichen und ihnen das Blut im Gesicht erstarrt war, wurden sie – nur noch klein war der Schritt – in harten Kiesel verwandelt.
(nach M. v. Albrecht, 1994, a. a. O., S. 527)

243 **quās:** relativ. Satzanschluss; gemeint sind die Propoetiden. – **aevum agere** das Leben verbringen – **agentīs:** beachte die lange Endsilbe!
244 **plūrima** (hier: prädikativ) in sehr großer Menge
245 **fēmineus, a, um:** Adj. zu femina, ae – **caelebs, ibis** ehelos, einsam
246 **thalamus, ī** Schlafzimmer, Ehebett – **cōnsors, rtis m./f.** Gefährte/In, Genosse/In
247 **niveus, a, um** schneeweiß
248 **sculpere, ō, sculpsī, sculptum** meißeln, bearbeiten – **ebur, eboris n.** Elfenbein
249 **concipere (iō, cēpī, ceptum) amōrem** (m. Gen.) sich verlieben in
250 **faciēs, ēī f.** Gestalt, Aussehen – **crēdās** man könnte glauben, meinen

et, si non obstet reverentia, velle moveri:
ars adeo latet arte sua. miratur et haurit
pectore Pygmalion simulati corporis ignes.
saepe manus operi temptantes admovet, an sit
corpus, an illud ebur, nec adhuc ebur esse fatetur.
oscula dat reddique putat loquiturque tenetque
et credit tactis digitos insidere membris
et metuit, pressos veniat ne livor in artus,
et modo blanditias adhibet, modo grata puellis
munera fert illi conchas teretesque lapillos
et parvas volucres et flores mille colorum
liliaque pictasque pilas et ab arbore lapsas
Heliadum lacrimas; ornat quoque vestibus artus:
dat digitis gemmas, dat longa monilia collo;
aure leves bacae, redimicula pectore pendent:
cuncta decent; nec nuda minus formosa videtur.
conlocat hanc stratis concha Sidonide tinctis
adpellatque tori sociam adclinataque colla

---

251 **obstāre** entgegenstehen, hindern – **reverentia, ae** Scham, Scheu
252 **latēre, eō, latuī** verborgen sein – **haurīre (io) ... ignēs** (m. Gen.) glühende Liebe empfinden (für)
253 (erg. in) **pectore – simulātus, a, um** scheinbar
254 **admovēre, eō, mōvī, mōtum** (m. Dat.) nähern, an ... legen – **temptāre** (hier: mit indirektem Fragesatz) prüfen
255 **an illud** (erg. sit) **ebur**
256 **ōsculum, ī** Kuss – **reddī** (erg. ōscula)
257 **digitus, ī** Finger – **īnsīdere, ō, sēdī, sessum** sich eindrücken – **membrum, ī** (Körper-)Glied, Körperteil – (erg. in) **tāctīs ... membrīs**
258 Lies: metuit, ne livor in artus pressos veniat – **līvor, ōris m.** blauer Fleck – **artus, uum m.** Glieder
259 **blanditiae, ārum** Schmeichelworte – **puella, ae** Mädchen
260 Erg. im Deutschen nach **grāta ... mūnera** ‚nämlich' – **concha, ae** Muschel – **teres, teretis** geschliffen – **lapillus, ī** Steinchen
261 **volucris, is f.** Vogel – **flōs, flōris m.** Blume, Blüte
262 Beachte die Länge bei (līlia)**quē. – līlium, ī** Lilie – **pila, ae** Ball – **lābī, or, lāpsus sum** (herab)fallen, -tropfen
263 **Hēliadum lacrimae** Tränen der Heliaden; gemeint ist Bernstein.
264 **gemma, ae** Edelstein, Ring – **monīle, is n.** Halsband, Kette – **collum, ī** Hals
265 (erg. dē/in) **aure,** (dē/in) **pectore – bāca, ae** Perle – **redimīculum, ī** Kettchen
266 **decēre, eō, decuī** gut stehen, passen – **fōrmōsus, a, um** wohlgestaltet, schön
267 **conlocāre, ō** (hin)legen – (erg. in) **strātīs – strātum, ī** Decke, Poster – **conchā Sīdōnide tīnctus, a, um** mit sidonischem Purpur gefärbt
268 **adpellat** (erg. eam) – **torī socia** Gefährtin des Lagers, Gattin – **adclīnāta colla** (poet. Pl.) geneigter Nacken

mollibus in plumis tamquam sensura reponit.
festa dies Veneris tota celeberrima Cypro
venerat, et pandis inductae cornibus aurum
conciderant ictae nivea cervice iuvencae,
turaque fumabant, cum munere functus ad aras
constitit et timide 'Si, di, dare cuncta potestis,
sit coniunx, opto,' – non ausus 'eburnea virgo'
dicere Pygmalion – 'similis mea' dixit 'eburnae.'
sensit, ut ipsa suis aderat Venus aurea festis,
vota quid illa velint, et, amici numinis omen,
flamma ter accensa est apicemque per aëra duxit.
ut rediit, simulacra suae petit ille puellae
incumbensque toro dedit oscula: visa tepere est;
admovet os iterum, manibus quoque pectora temptat:
temptatum mollescit ebur positoque rigore
subsidit digitis ceditque, ut Hymettia sole
cera remollescit tractataque pollice multas

---

269 **plūma, ae** Federkissen – **(colla) ... tamquam sēnsūra** als würde es dieser spüren **reponere, ō, posuī, positum** zurück-, niederlegen
270 **festus, a, um** festlich, feierlich – **celeber, bris, bre** gefeiert, berühmt – **tōtā Cyprō:** Abl. loci
271 **pandīs inductae cornibus aurum (iuvencae)** (junge Kühe), deren gekrümmte Hörner mit Gold überzogen waren
272 **ictae** (erg. in) **niveā cervīce (iuvencae)** (junge Kühe) am schneeweißen Nacken getroffen
273 **tūs, tūris, n.** Weihrauch – **fūmāre, fūmō** rauchen, qualmen – **mūnere fungī (or, fūnctus sum)** die Opfergabe spenden
274 **dī** = dei
275 f. Lies: ‚opto, (ut) coniunx mea' – Pygmalion non ausus (est) dicere ‚eburnea virgo (sit)' – dixit ‚similis eburnae (virgini sit)'. – **eburn(e)us, a, um** elfenbeinern, aus Elfenbein
277 **sēnsit (Venus) – ut:** hier kausal – **aureus, a, um** golden; schmückendes Beiwort (Epitheton ornans) für Venus – **fēstum, i** (poet. Pl.) Fest, Feier
278 **ōmen, inis n.** An-, Vorzeichen
279 **ter** (Adv.) dreimal – **(flamma) apicem per aëra dūxit** (die Flamme) stieg spitz in die Luft
280 **simulācra:** poet. Pl.
281 **incumbere (ō, cubuī) torō** sich auf das Lager legen – **tepēre, eō** warm sein
282 **admovet ōs** (erg. ōri puellae); vgl. V. 254
283 **mollēscere, ō** weich werden – **(dē)pōnere rigōrem** die Starrheit ablegen
284 **subsīdere (ō, sēdī) digitīs** dem Druck der Finger nachgeben
285 **cēra, ae** Wachs – **remollēscere** = mollescere; vgl. V. 283 – **pollex, icis m.** Daumen

flectitur in facies ipsoque fit utilis usu.
dum stupet et dubie gaudet fallique veretur,
rursus amans rursusque manu sua vota retractat;
corpus erat: saliunt temptatae pollice venae.
tum vero Paphius plenissima concipit heros
verba, quibus Veneri grates agit, oraque tandem
ore suo non falsa premit dataque oscula virgo
sensit et erubuit timidumque ad lumina lumen
adtollens pariter cum caelo vidit amantem.
coniugio, quod fecit, adest dea, iamque coactis
cornibus in plenum noviens lunaribus orbem
illa Paphon genuit, de qua tenet insula nomen.

286 **faciēs, ēī f.** Gestalt, Form
287 **stupēre, eō, uī** starr sein, verblüfft sein – **verēri** (hier: m. Inf.) fürchten
288 **sua vōta retractāre** sein Wunschbild wieder betasten, anfassen
289 **salīre, iō, luī** springen; pochen – **vēna, ae** Ader
290 **vērō** (Adv.) doch, aber – **Paphius hērōs** Held von Paphos; gemeint ist Pygmalion. – **plēnissima verba concipere (iō, cepī, ceptum)** Worte aus tiefstem Herzen sprechen
291 **grātēs agere (ō, ēgī, āctum)** Dank sagen – **ōra ... nōn falsa:** poet. Pl.
293 **ērubēscere, ō, buī** erröten – **ad lūmina lūmen adtollere (ō)** zum Tageslicht die Augen erheben
294 **pariter** (Adv.) zugleich, gleichzeitig
295 **coniugium, ī** Ehe – **iamque coāctīs/cornibus in plēnum noviēns lūnāribus orbem** und als sich die Hörner des Mondes bereits neunmal zum vollen Kreis gerundet hatten
297 **Paphon:** Akk. Sg. – **gīgnere, ō, genuī, genitum** gebären

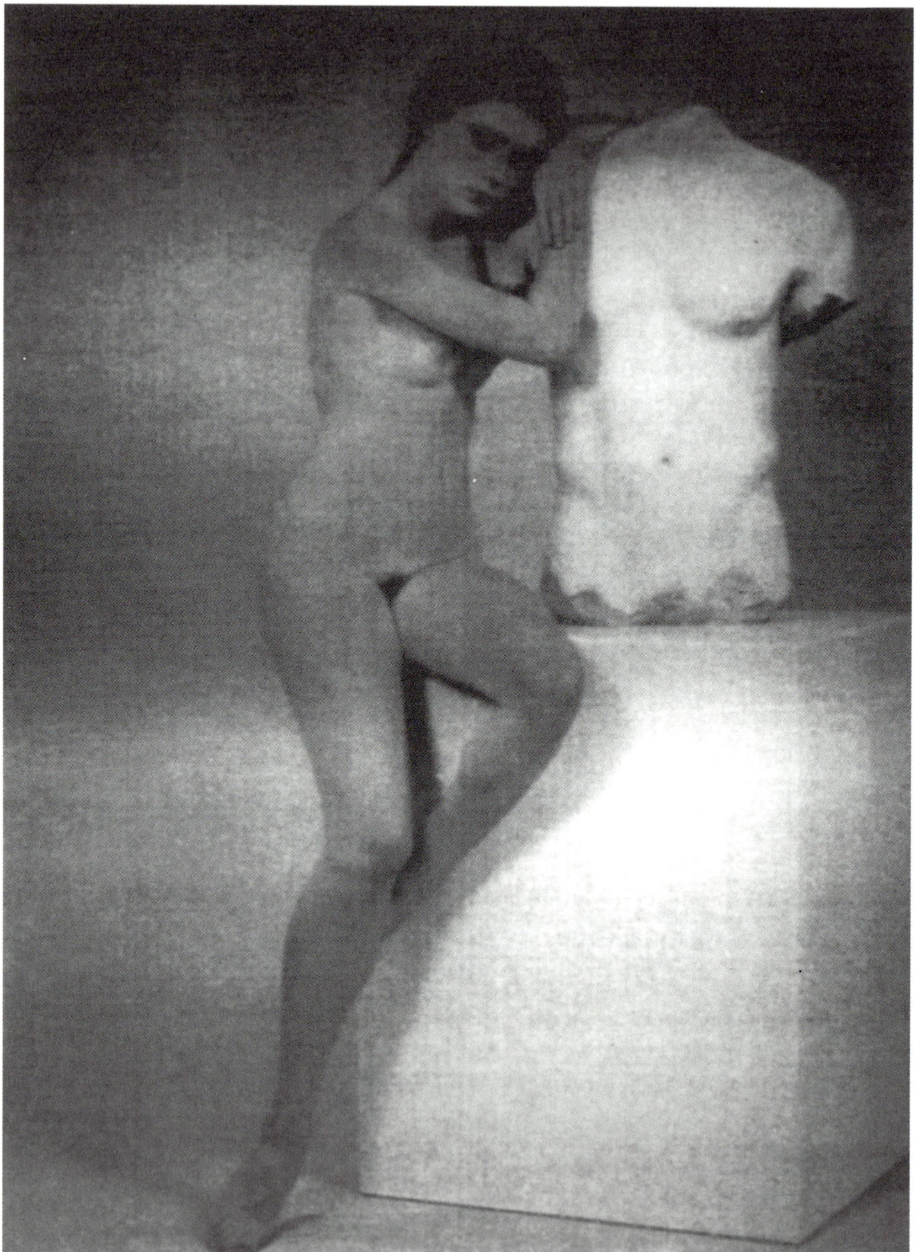

Classical Allusion (John de Andrea, 1987)
→ Siehe auch Abbildung im Farbteil, S.150.

Midas (Met. XI 85–145)

Orpheus, dessen Gesänge das 10. Buch der Metamorphosen bilden, wird zu Beginn des 11. Buches von thrakischen Bacchantinnen umgebracht, da er die Liebe zu Frauen verschmähte. Aus Schmerz über den Verlust des Orpheus, der die Geheimnisse des bacchantischen Kultes verkündete, lässt Bacchus, der Gott des Weines, diese Frauen zur Strafe in Bäume verwandeln.

Nec satis hoc Baccho est: ipsos quoque deserit agros
cumque choro meliore sui vineta Timoli
Pactolonque petit, quamvis non aureus illo
tempore nec caris erat invidiosus harenis.
hunc adsueta cohors Satyri Bacchaeque frequentant,
at Silenus abest. titubantem annisque meroque
ruricolae cepere Phryges vinctumque coronis
ad regem duxere Midan, cui Thracius Orpheus
orgia tradiderat cum Cecropio Eumolpo.
quem simul agnovit socium comitemque sacrorum,

Übersetzung der Verse 85–88:
Und selbst dies genügt Bacchus nicht: Er verlässt sogar die Gegend und zieht mit würdigeren Anhängern zu den Weinbergen des Tmolus und zum Pactolus, obwohl dieser Fluss damals noch kein Gold führte und durch seinen kostbaren Sand noch keinen Neid erregte.
(nach: M. v. Albrecht, 1994, a. a. O., S. 569)

85 **hoc:** Gemeint ist die Bestrafung der thrakischen Frauen. – **agrōs:** Gemeint ist Thrakien, neben Phrygien und Lydien die Heimat des Bacchuskultes.
86 **meliōre:** Vergleichspunkt sind die thrakischen Bacchantinnen.
89 **hunc:** Gemeint ist Bacchus. – **adsuēta cohors** das gewohnte Gefolge – **frequentare, ō** umschwärmen
90 **titubantem** (erg. Sīlēnum) – **titubāre, o** schwanken, wanken – **merum, ī** (reiner) Wein. Es war in der Antike üblich, den Wein mit Wasser zu mischen.
91 **rūricolae Phrygēs** phrygische Bauern – **vincīre, iō, vīnxī, vīnctum** fesseln – **corōna, ae** Kranz (aus Weinlaub)
92 **Midān:** Akk. Sg. – **Thrācius Orpheus** der Thrakier Orpheus
93 **orgia, ōrum:** Kult des Bacchus; zu Ehren des Bacchus wurden nachts Mysterienfeiern abgehalten, bei denen die Teilnehmer in Raserei und Verzückung gerieten. Orpheus soll diesen Kult verbreitet haben. – **cum:** verbindet Midas mit Eumolpus – **Cecropius Eumolpus** der Athener Eumolpus; **Cecropiō Eumolpō:** Beachte den Hiat.
94 **quem:** relativ. Satzanschluss; gemeint ist Silenus. – **simul** (hier: Konjunktion) sobald, als – **āgnōscere, ō, nōvī, āgnitum** (hier: m. dopp. Akk.) erkennen (als) – **sacra, ōrum n.** hier: die bacchantischen Mysterien, Geheimnisse

hospitis adventu festum genialiter egit
per bis quinque dies et iunctas ordine noctes.
et iam stellarum sublime coegerat agmen
Lucifer undecimus, Lydos cum laetus in agros
rex venit et iuveni Silenum reddit alumno.
huic deus optandi gratum, sed inutile fecit
muneris arbitrium gaudens altore recepto.
ille male usurus donis ait 'Effice, quidquid
corpore contigero, fulvum vertatur in aurum!'
adnuit optatis nocituraque munera solvit
Liber et indoluit, quod non meliora petisset.
laetus abit gaudetque malo Berecyntius heros
pollicitique fidem tangendo singula temptat.
vixque sibi credens, non alta fronde virentem
ilice detraxit virgam: virga aurea facta est;
tollit humo saxum: saxum quoque palluit auro;
contigit et glaebam: contactu glaeba potenti
massa fit; arentes Cereris decerpsit aristas:

---

95 **fēstum agere (ō, ēgī, āctum)** ein Fest feiern – **geniālis, e** fröhlich, heiter
96 ff. **Übersetzung:** zehn Tage und zehn Nächte lang. Und schon hatte der Morgenstern zum elften Male die Nachhut des himmlischen Sternenheeres gebildet, ...
97 **agmen cōgere:** militärischer Fachausdruck
98 **alumnus, ī** Zögling – **iuvenī ... alumnō:** Gemeint ist Bacchus.
100 f. **huic:** Gemeint ist Midas. – **optandī grātum, sed inūtile fēcit/mūneris arbitrium** er ließ ihm die freie Wahl, sich ein Geschenk zu wünschen; eine willkommene, doch unnütze Gnade – **altor, ōris m.** Erzieher
102 f. Lies: Effice, ut omnia, quae ... contigero, vertantur in ... – **male** (Adv.) zum eigenen Unheil
103 **fulvus, a, um** rotgelb
104 **adnuere, ō, nuī** nicken, zustimmen – **optātum, ī** das Erwünschte, Wunsch – **mūnera solvere (ō, solvī, solūtum)** das Versprechen durch das Geschenk einlösen
105 **indolēscere, ō, doluī** Schmerz empfinden, bedauern – **petisset** = petivisset
106 **Berecyntius hērōs** der berecyntische Held; gemeint ist Midas.
107 **pollicitum, ī** Versprechen
108 **vix sibī crēdēns** noch ohne richtiges Vertrauen in seine Macht – Lies: virgam fronde virentem (de) ilice non alta detraxit – **frōns, frondis f.** Laub(werk) – **virēns, ntis** grünend, grün
109 **īlex, ilicis f.** Steineiche – **dētrahere, ō, trāxī, tractum** herab-, herunterziehen – **virga, ae** Zweig – **aureus, a, um** golden
110 **humō** vom Boden – **pallēscere, ō, palluī** gelb werden
111 **et** = etiam – **glaeba, ae** Erdscholle, Erdklumpen – **contāctus, ūs m.** Berührung – **potēns, entis** hier: magisch
112 **massa, ae** Goldklumpen – **ārēns, entis** hier: reif – **Cerēs, Cereris f.** Göttin des Ackerbaus; metonymisch: Getreide – **dēcerpere, ō, psī, ptum** (ab)pflücken – **arista, ae** Ähre

aurea messis erat; demptum tenet arbore pomum:
Hesperidas donasse putes; si postibus altis
admovit digitos, postes radiare videntur.
ille etiam liquidis palmas ubi laverat undis,
unda fluens palmis Danaën eludere posset.
vix spes ipse suas animo capit aurea fingens
omnia; gaudenti mensas posuere ministri
exstructas dapibus nec tostae frugis egentes.
tum vero, sive ille sua Cerealia dextra
munera contigerat, Cerealia dona rigebant;
sive dapes avido convellere dente parabat,
lammina fulva dapes admoto dente premebat;
miscuerat puris auctorem muneris undis:
fusile per rictus aurum fluitare videres.
attonitus novitate mali divesque miserque
effugere optat opes et, quae modo voverat, odit.
copia nulla famem relevat, sitis arida guttur

113 **messis, is f.** Ernte – **dēmptum tēnet** = dēmit et tēnet – **dēmere, ō, dēmpsī, dēmptum** nehmen – (erg. dē) **arbore – pōmum, ī** Apfel, Obst

114 **Hesperidās:** Akk. Pl. – (erg. id pōmum) **dōnasse** = dōnavisse – **putēs** (Potentialis der Gegenwart) man könnte meinen – **postis, is m.** Türpfosten

115 **digitōs admovēre (eō, mōvī, mōtum)** (m. Dat.) die Finger legen (an) – **radiāre, ō** strahlen

116 (erg. in) **liquidīs undīs – liquidus, a, um** fließend – **palma, ae** Hand

117 **unda fluēns** (erg. dē) **palmīs – Danaën:** Akk. Sg. – **ēlūdere, ō, lūsī, lūsum** täuschen

119 **mēnsa, ae** Tisch – **posuēre** = posuērunt – **minister, trī m.** Diener

120 **exstruere, ō, strūxī, strūctum** beladen – **daps, dapis f.** Speise – **tosta frūx (frūgis f.)** Brot (mit geröstetem Korn) – **nōn egēns, ntis** (hier: mit Gen.) mit reichlich

121 **Cereālia mūnera** Geschenk der Ceres (vgl. V. 112): Brot – **dextra, ae** die Rechte, rechte Hand

122 **rigēre, eō, uī** starr, hart sein

123 **avidus, a, um** (be)gierig – **convellere, ō, vellī, vulsum** zerbeißen, zerkleinern

124 **lammina (ae f.) fulva** Goldschicht – **admōtō dente** (Abl. abs.) durch die Berührung mit dem Zahn – **premere, ō, pressī, pressum** hier: umschließen, bedecken

125 **miscēre pūris undīs:** vgl. Anm. zu V. 90 – **auctor mūneris** Bacchus; hier metonymisch: Wein

126 **fūsilis, e** flüssig – **rictus, ūs m.** (hier: poet. Pl.) offener Mund, Kehle – **fluitāre, ō** fließen – **vidērēs** (Potentialis der Verg.) man hätte sehen können

127 **attonitus, a, um** bestürzt, entsetzt – **novitās, ātis f.** Neuheit, das Neue

128 **optāre** hier: mit Infinitiv – Lies: et ea, quae – **vovēre, eō, vōvī, vōtum** wünschen

129 **famem relevāre** den Hunger stillen – **sitis, is f.** Durst – **āridus, a, um** brennend, quälend – **guttur, uris n.** Kehle

urit, et inviso meritus torquetur ab auro.
ad caelumque manus et splendida bracchia tollens
'Da veniam, Lenaee pater! peccavimus' inquit,
'sed miserere, precor, speciosoque eripe damno!'
mite deum numen: Bacchus peccasse fatentem
restituit pactique fide data munera solvit.
'Neve male optato maneas circumlitus auro,
vade' ait 'ad magnis vicinum Sardibus amnem
perque iugum montis labentibus obvius undis
carpe viam, donec venias ad fluminis ortus;
spumigeroque tuum fonti, qua plurimus exit,
subde caput corpusque simul, simul elue crimen!'
rex iussae succedit aquae: vis aurea tinxit
flumen et humano de corpore cessit in amnem.
nunc quoque iam veteris percepto semine venae
arva rigent auro madidis pallentia glaebis.

---

130 **urere, ō, ussī, ustum** austrocknen, versengen – **invīsus, a, um** verhasst – **meritus, a, um** (Adj.): statt meritō (Adv.) – **torquēre, eō, torsī, tortum** plagen, quälen
131 **splendidus, a, um** (vor Gold) glänzend – **bracchium, ī** Arm
132 **venia, ae** Vergebung, Verzeihung – **Lēnaeus pater:** Gemeint ist Bacchus.
133 **miserērī, eor** sich erbarmen – **speciōsus, a, um** herrlich, blendend – **ēripe** (erg. mē) – **damnum, ī** Unglück, Verderben
134 Lies: numen deorum mite est – **mītis, e** mild, gnädig – **deum nūmen** die Gottheit – **peccasse** = peccavisse (erg. sē)
135 **restituere, ō, tuī, tūtum** hier: begnadigen – **pactī fidē data mūnera solvit** er löste das verliehene Geschenk von der Bindung des Vertrages
136 **‚nēve ...' ait** = et, ne ...' ait – **male:** vgl. V. 102 – **circumlitus, a, um** überzogen, behaftet
137 **vādere, ō** gehen, schreiten – **vīcīnus, a, um** (m. Dat.) in der Nähe von – **amnem:** Gemeint ist der Pactolus (vgl. V. 87).
138 **iugum montis:** Gemeint ist der Timolus (vgl. V. 86). – **labentibus obvius undīs** stromaufwärts
139 **carpere (ō, carpsī, carptum) viam** seinen Weg nehmen – **ortus, ūs m.** Ursprung, Quelle
140 f. Lies: et subde caput tuum spumigero fonti, qua ... exit, et elue corpus ac simul crimen elue! – **spūmiger, era, erum** schäumend – **fōns, fontis m.** Quelle, Quellwasser – **quā** an der Stelle, wo – **plūrimus** (präd. Gebrauch) am reichlichsten, am stärksten
141 **subdere, ō, didī, ditum** (m. Dat.) etw. halten unter – **ēluere, ō, luī, lūtum** reinigen, abwaschen
142 **succēdere, ō, cessī, cessum** (m. Dat.) unter etw. gehen, treten – **tingere, ō, tīnxī, tīnctum** färben
144 f. **Übersetzung:** Die Felder, die den Samen der nun schon alten Erzader empfangen haben, starren auch heute noch von Gold, bleich glänzend mit feuchten Schollen (M. v. Albrecht, 1994, a. a. O., S. 579).

Midas wird das Brot serviert und Midas beim reinigenden Bad im Pactolus (Holzschnitt, Perugia 1519)

→ Siehe auch Abbildung im Farbteil, S. 151 f.

Apotheose des Aeneas (Met. XIV 581–608)

Nachdem sich Ovid in der Midas-Geschichte Kleinasien zugewandt hatte, behandelt er in den folgenden Büchern den troischen Sagenkreis. Nach der Zerstörung Trojas durch die Griechen rückt der Trojaner Aeneas in den Mittelpunkt der Erzählung. Ovid berichtet von seiner Flucht aus Troja, von seinen Irrfahrten und schließlich von seiner Landung in Latium.

Iamque deos omnes ipsamque Aeneia virtus
Iunonem veteres finire coegerat iras,
cum bene fundatis opibus crescentis Iuli
tempestivus erat caelo Cythereius heros,
ambieratque Venus superos colloque parentis
circumfusa sui 'Numquam mihi' dixerat 'ullo
tempore dure pater, nunc sis mitissimus, opto,
Aeneaeque meo, qui te de sanguine nostro
fecit avum, quamvis parvum des, optime, numen,
dum modo des aliquod. satis est inamabile regnum
adspexisse semel, Stygios semel isse per amnes.'
adsensere dei, nec coniunx regia vultus
inmotos tenuit placatoque adnuit ore.
tum pater 'Estis' ait 'caelesti munere digni,

---

581 **Aenēia virtūs:** Bei Vergil lässt Juno von ihrem Zorn auf Aeneas erst auf Jupiters Drängen hin ab (vgl. Aen. XII 791 ff.).
582 **finīre, iō** beenden
583 **fundāre, ō** begründen, sichern – **opes, um f.** Macht
584 **tempestīvus, a, um** (m. Dat.) reif (für) – **Cytherēius hērōs** der cythereische Held; gemeint ist Aeneas.
585 **ambierat** = ambīverat – **ambīre, iō** umwerben – **superī, ōrum** Götter des Himmels – **collō parentis circumfūsa suī** den Hals ihres Vaters umschlungen
587 ff. Lies: opto, (ut) nunc mitissimus sis et (ut) Aeneae meo, qui ... fecit, numen quamvis parvum des, optime, ...
589 **quamvīs parvum** wenn auch noch so gering
590 **inamābilis, e** unangenehm, widerlich
591 **adspicere, iō, spexī, spectum** anblicken, erblicken – **semel** (Adv.) einmal – **Stygiī amnēs** die Flüsse der Unterwelt (Acheron, Kokytos und Styx)
592 **adsensēre** = adsenserunt – **adsentīre, iō, sēnsī, sēnsum** bei-, zustimmen – **coniūnx rēgia:** Gemeint ist Juno.
593 **inmōtus, a, um** unbewegt – **placātus, a, um** besänftigt, versöhnt – **adnuere, nuō, nuī** zunicken, zustimmen
594 **caelestis, e** himmlisch, göttlich

quaeque petis, pro quoque petis: cape, nata, quod optas!'
fatus erat. gaudet gratesque agit illa parenti
perque leves auras iunctis invecta columbis
litus adit Laurens, ubi tectus harundine serpit
in freta flumineis vicina Numicius undis.
hunc iubet Aeneae, quaecumque obnoxia morti,
abluere et tacito deferre sub aequora cursu.
corniger exsequitur Veneris mandata suisque,
quidquid in Aenea fuerat mortale, repurgat
et respergit aquis: pars optima restitit illi.
lustratum genetrix divino corpus odore
unxit et ambrosia cum dulci nectare mixta
contigit os fecitque deum; quem turba Quirini
nuncupat Indigetem temploque arisque recepit.

---

595 Lies: et (tu), quae petis, et (ille), prō quō petis. – **cape** (erg. id) – **nāta, ae** Tochter

596 **fātus erat** er hatte gesprochen – **grātēs agere (ō, ēgī, actum)** Dank sagen, danken – **parēns, ntis m.** Vater

Übersetzung der Verse 597–599: und von einem Taubengespann durch die leichten Lüfte gezogen, gelangt sie ans Ufer von Laurentum, wo das Wasser des von Schilfgras überwucherten Numicius sich ins nahe Meer schlängelt.

597 **iūnctīs invecta columbīs:** Die Taube war der heilige Vogel der Venus.

600 **hunc:** Gemeint ist der Fluss Numīcius. – **quaecumque** = omnia, quae – **obnoxius, a, um** unterworfen, ausgesetzt

601 **abluere, luō, luī, lūtum** abwaschen, tilgen – **tacitō dēferre sub aequora cursū** mit ruhiger Strömung ins Meer versenken

602 **corniger** (erg. Numīcius) Hörner tragend, gehörnt; Flussgötter stellte man sich gehörnt vor. – **exsequī, sequor, secūtus sum** ausführen, erfüllen – **mandātum, ī** Auftrag, Weisung – Lies (V. 602 ff.): et omnia, quae in Aenea fuerant mortalia, aquis suis respergit et repurgat.

603 **repūrgāre, ō** reinigen

604 **respergere, ō, spersī, spersum** bespritzen, besprengen – **restāre, ō, stitī** übrig bleiben

605 **lūstrāre, ō** reinigen, (ent-)sühnen – **genetrīx, īcis f.** Mutter – **odor, ōris m.** Duftöl, Balsam

606 **ungu(e)re, ō, ūnxī, ūnctum** salben – **ambrosia, ae** Ambrosia, Götterspeise – **nectar(e), aris n.** Nektar, Göttertrank; Ambrosia und Nektar bewirken die Unsterblichkeit. Nur durch besondere Gunst der Götter bekommen sterbliche Menschen diese Nahrung.

607 **quem:** relativ. Satzanschluss – **turba Quirīnī** das römische Volk

608 **nūncupāre, ō** nennen

Äneas und Anchises (Gian Lorenzo, Bernini, ca. 1618, Rom/ G. Borghese)

Epilog (Met. XV 871–879)

Iamque opus exegi, quod nec Iovis ira nec ignis
nec poterit ferrum nec edax abolere vetustas.
cum volet, illa dies, quae nil nisi corporis huius
ius habet, incerti spatium mihi finiat aevi:
parte tamen meliore mei super alta perennis
astra ferar, nomenque erit indelebile nostrum,
quaque patet domitis Romana potentia terris,
ore legar populi, perque omnia saecula fama,
si quid habent veri vatum praesagia, vivam.

---

872 **edāx, edācis** gefräßig, nagend – **abolēre, eō** vernichten, zerstören – **vetustās, ātis f.** Alter
873 f. **cum volet** (illa dies = Subjekt) – **nīl nisi** nur – **corporis ... iūs** Macht über den Körper
874 **fīniat** (konzessiver Konjunktiv) mag er auch beenden – **aevum, ī** Lebenszeit, Leben
875 **meī** (Gen. des Pers.-Pron.) von mir – **perennis, e** (hier: prädikativ) unvergänglich, für immer
876 **astrum, ī n.** Gestirn, Stern – **indēlēbilis, e** unzerstörbar, unverwüstlich
877 **quā** (relativisch) wo – **domāre, ō, uī, itum** zähmen, unterwerfen
879 Lies: sī (ali)quid vērī – **vātēs, is m.** Seher, Sänger, Dichter – **praesāgium, ī** Ahnung, Weissagung

Arbeitsaufträge und Fragen
Prooemium (Met. I 1–4)

1. Was erfährt der Leser im Prooemium? Suchen Sie nach Begriffen, die auf das Thema, den Umfang, die Anordnung des Stoffes und die Form der „Metamorphosen" verweisen.
2. Welche syntaktischen, stilistischen und metrischen Erscheinungen unterstreichen die inhaltliche Aussage? Beachten Sie auch die Ausführungen zum literaturgeschichtlichen Hintergrund in der Einleitung (s. S. 7).
3. Welches Bild verwendet Ovid, um den Vorgang des Dichtens zu veranschaulichen?
4. Welche Rolle spielen die Götter im Prooemium?

Arbeitsaufträge und Fragen
Die vier Weltalter (Met. I 89–150)

1. a) Gliedern Sie den Text nach den vier Weltaltern.
   b) Wonach sind die vier Weltalter benannt?
   c) Welche Entwicklung wird in der Abfolge der Weltalter erkennbar?
   d) Untersuchen Sie die vier Abschnitte auf den Zeilenumfang und die Tempora.
2. a) Erschließen Sie anhand der jeweiligen Sachfelder die Merkmale des goldenen Zeitalters.
   b) Mit welchen Stilmitteln wird der Inhalt dieser Verse unterstrichen?
3. Wie kommt es zum silbernen Zeitalter?
4. Erläutern Sie den Unterschied, der zwischen dem goldenen und dem silbernen Zeitalter besteht. Achten Sie insbesondere in V. 117 f. auf die stilistische und metrische Gestaltung.
5. Was ist das Kennzeichen des ehernen Zeitalters?
6. a) Arbeiten Sie anhand der Sachfelder die Charakteristika des eisernen Zeitalters heraus.
   b) Beachten Sie die Verwendung von stilistischen Erscheinungen.
7. Wie beurteilen Sie Ovids Standpunkt zur Entwicklung des Menschen?
8. Beschreiben Sie die beiden Holzschnitte von Virgil Solis zum goldenen und eisernen Zeitalter und nennen Sie die Merkmale, die der Künstler im Vergleich zur Version Ovids betont.

Arbeitsaufträge und Fragen
Die Sintflut (Met. I 240–312)

1 Geben Sie kurz den Inhalt der Verse 240-243 wieder. Bestimmen Sie die Bedeutung der Stilmittel im Hinblick auf den Inhalt.

2 Wie werden die Götter in ihrer Reaktion auf Jupiters Vernichtungsurteil geschildert (V. 244-249)?

3 Warum verwirft Jupiter die Idee eines Weltenbrandes (V. 253-261)?

4 a) Wie wird der Südwind dargestellt (V. 264-269)? Arbeiten Sie dazu die entsprechenden Begriffe heraus.
b) Was wird durch diese Darstellungsweise erreicht?

5 a) Geben Sie anhand des vorherrschenden Sachfeldes den Inhalt der Verse 274-292 stichwortartig wieder.
b) Aus welchem Bereich stammen die Bilder in den Versen 280 ff.? Erklären Sie deren Bedeutung für den Inhalt.
c) Erläutern Sie den Zusammenhang der metrisch-stilistischen Gestaltung der Verse 285-292 mit deren Inhalt.

6 a) Wie erscheint die Welt in der Beschreibung Ovids (V. 293-312)?
b) Worauf richtet Ovid sein Interesse bei der Schilderung der Sintflut?
c) Mit welchen sprachlichen Mitteln gestaltet er diese Szene?

7 a) Vergleichen sie diese Verse Ovids mit dem biblischen Bericht der Sintflut (s. Begleittext).
b) Leiten Sie anhand dieses Vergleichs Ovids Verständnis von Dichtung ab.

8 Beschreiben Sie die Zeichnung von Leonardo da Vinci und vergleichen Sie die Darstellungsmittel des Textes mit denen der Zeichnung.

Begleittext zu „Die Sintflut"

Sintflutsagen finden sich bei vielen Völkern. Auch das Alte Testament berichtet im Buch Genesis von einer Sintflut (6,1–9,29 in Auszügen).

Die Bosheit der Menschen

6 [5]Der Herr sah, dass auf der Erde die Schlechtigkeit des Menschen zunahm
und dass alles Sinnen und Trachten seines Herzens immer nur böse war.
[6]Da reute es den Herrn, auf der Erde den Menschen gemacht zu haben,
und es tat seinem Herzen weh. [7]Der Herr sagte: Ich will den Menschen,
den ich erschaffen habe, vom Erboden vertilgen, mit ihm auch das Vieh,
die Kriechtiere und die Vögel des Himmels, denn es reut mich, sie gemacht zu haben. [8]Nur Noach fand Gnade in den Augen des Herrn.

Gottes Sorge um Noach

7 [7]Noach ging also mit seinen Söhnen, seiner Frau und den Frauen seiner
Söhne in die Arche, bevor das Wasser der Flut kam. [8]Von den reinen und
unreinen Tieren, von den Vögeln und allem, was sich auf dem Erdboden
regt, [9]kamen immer zwei zu Noach in die Arche, Männchen und Weib-
chen, wie Gott dem Noach aufgetragen hatte. [10]Als die sieben Tage vor-
bei waren, kam das Wasser der Flut über die Erde, [11]im sechshundertsten
Lebensjahr Noachs, am siebzehnten Tag des zweiten Monats. An diesem
Tag brachen alle Quellen der gewaltigen Urflut auf, und die Schleusen
des Himmels öffneten sich. [12]Der Regen ergoss sich vierzig Tage und vier-
zig Nächte lang auf die Erde.
[13]Genau an jenem Tag waren Noach, die Söhne Noachs, Sem, Ham und
Jafet, Noachs Frau und mit ihnen die drei Frauen seiner Söhne in die Ar-
che gegangen, [14]sie und alle Arten der Tiere, alle Arten des Viehs und alle
Arten der Kriechtiere, die sich auf der Erde regen, und alle Arten der Vö-
gel, des fliegenden Getiers. [15]Sie waren zu Noach in die Arche gekom-
men, immer zwei von allen Wesen aus Fleisch, in denen Lebensgeist ist.
[16]Von allen Tieren waren Männchen und Weibchen gekommen, wie Gott
ihm aufgetragen hatte. Dann schloss der Herr hinter ihm zu.

Die große Flut

[17]Die Flut auf der Erde dauerte vierzig Tage. Das Wasser stieg und hob die
Arche immer höher über die Erde. [18]Das Wasser schwoll an und stieg im-
mer mehr auf der Erde, die Arche aber trieb auf dem Wasser dahin. [19]Das
Wasser war auf der Erde gewaltig angeschwollen und bedeckte alle ho-
hen Berge, die es unter dem ganzen Himmel gibt. [20]Das Wasser war fünf-
zehn Ellen über die Berge hinaus angeschwollen und hatte sie zugedeckt.
[21]Da verendeten alle Wesen aus Fleisch, die sich auf der Erde geregt hat-
ten, Vögel, Vieh und sonstige Tiere, alles, wovon die Erde gewimmelt hat-
te, und auch alle Menschen. [22]Alles, was auf der Erde durch die Nase Le-
bensgeist atmete, kam um. [23]Gott vertilgte also alle Wesen auf dem
Erdboden, Menschen, Vieh, Kriechtiere und die Vögel des Himmels; sie
alle wurden vom Erdboden vertilgt. Übrig blieb nur Noach und was mit
ihm in der Arche war. [24]Das Wasser aber schwoll hundertfünfzig Tage lang
auf der Erde an.
8 Da dachte Gott an Noach und an alle Tiere und an alles Vieh, das bei ihm
in der Arche war. Gott ließ einen Wind über die Erde wehen, und das
Wasser sank. [2]Die Quellen der Urflut und die Schleusen des Himmels
schlossen sich; der Regen vom Himmel ließ nach, [3]und das Wasser ver-
lief sich allmählich von der Erde. So nahm das Wasser nach hundertfünf-
zig Tagen ab. [4]Am siebzehnten Tag des siebten Monats setzte die Arche
im Gebirge Ararat auf. [5]Das Wasser nahm immer mehr ab, bis zum zehn-

ten Monat. Am ersten Tag des zehnten Monats wurden die Berggipfel sichtbar.

(Zit. nach: Die Bibel, Altes und Neues Testament, Freiburg – Basel – Wien 1995, S. 10 f.)

Arbeitsaufträge und Fragen
Daphne und Apollo (Met. I 452–567)

1 Wie tritt Apoll in seiner Rede (V. 456–462) gegenüber Cupido auf?

2 Erläutern Sie die Reaktion Cupidos auf Apolls Rede (V. 463–473).

3 Erklären Sie den Zusammenhang von primus amor Phoebi (V. 452) und saeva Cupidinis ira (V. 453).

4 Beschreiben Sie die Wirkung der Pfeile Cupidos:
a) auf Daphne (V. 474 b–489),
b) auf Apoll (V. 490–502 a);
c) mit welchen sprachlich-stilistischen Mitteln wird die Liebe Apolls beschrieben?

5 In den Versen 504–524 wendet sich Apoll an Daphne.
a) Was ist das Ziel der Rede Apolls?
b) Nennen Sie die Argumente, die Apoll anführt.
c) Was bewirkt Apoll mit seiner Rede?

6 Schildern Sie die Empfindungen Apolls bei der Flucht Daphnes (V. 525–532). Beachten Sie dabei die Verwendung von Stilmitteln.

7 Welche Funktion erfüllt der Vergleich in den Versen 533–539?

8 a) Wie weiß sich Daphne zu retten (V. 543–552)?
b) Was ist daran paradox?

9 Wie verhält sich Apoll nach der Verwandlung Daphnes (V. 553–567)?

10 Im Prooemium wird in ad mea tempora (I 4) der zeitliche Bezug zur Gegenwart des Dichters deutlich.
a) Wo taucht in der Daphne-Erzählung ein Bezug zur Gegenwart auf?
b) Wie deuten Sie die Erwähnung des Hauses des Augustus (V. 562 ff.)? Vergleichen Sie hierzu die Einleitung unter Pkt. 2 und 3.

11 a) Bestimmen Sie anhand dieser Verwandlungsgeschichte das Charakteristische einer Metamorphose.
b) Erklären Sie am Beispiel dieser Geschichte den Begriff ‚Ursprungssage' (Aition).

12 Welche Charakteristika der Erzählkunst Ovids treten in der Daphne-Erzählung zu Tage?

13 Beschreiben Sie die Skulptur Berninis und vergleichen Sie sie mit der Schilderung Ovids.

14 Setzen Sie die Abbildung von Melissa Burns in Beziehung zum Text Ovids.

Arbeitsaufträge und Fragen Europa (Met. II 836–875)

1 a) Beschreiben Sie anhand des Modus den Charakter der Verse 836–842.
b) Was trägt Jupiter Hermes auf?

2 a) Warum verwandelt sich Jupiter (V. 846–851)?
b) Untersuchen Sie in den Versen 846–858 a die Verwandlung Jupiters und erläutern Sie den Unterschied zwischen Jupiters ursprünglicher und neuer Erscheinung. Beachten Sie die Verwendung von Stilmitteln und deren Bedeutung für den Inhalt.
c) Beschreiben Sie die Wirkung Jupiters auf Europa (V. 858 b-861).

3 a) Wie präsentiert sich Jupiter in den Versen 862–869?
b) Wie reagiert Europa auf die Werbung Jupiters?
c) Untersuchen Sie diese Verse auf stilistische Erscheinungen und deren Bedeutung für den Inhalt.

4 a) Mit welchen stilistischen und metrischen Mitteln gestaltet Ovid in den Versen 870–873 a die Entführung Europas?
b) An welchen Begriffen wird ersichtlich, dass Europa das Opfer einer Täuschung ist?

5 a) Welches Bild zeichnet Ovid von Jupiter als dem höchsten Gott?
b) Erläutern Sie die Kritik des Xenophanes an der Gottesvorstellung seiner Zeitgenossen (s. Begleittext).
c) Wie stellt sich Xenophanes Gott vor?

6 Erkundigen Sie sich in einem mythologischen Lexikon oder per Internet über:
- den Bestimmungsort der Entführung Europas
- die gemeinsamen Kinder
- Jupiters Beziehungen zu Frauen

7 a) Beschreiben Sie das Bild ‚Der Raub der Europa' von Max Beckmann (S. 148).
b) Welche Deutung erfährt diese Geschichte in Max Beckmanns Gemälde im Vergleich mit dem Text Ovids?

8 Beschreiben und vergleichen Sie die Abbildung auf dem rotfigurigen Krater mit dem Gemälde Beckmanns.

Begleittext zu „Europa"

Der griechische Philosoph Xenophanes (6. Jh. v. Chr.) äußert sich im folgenden Textausschnitt über die Gottesvorstellung seiner Zeitgenossen. Hesiod (700 v. Chr.) berichtet in seinem Werk „Theogonia" (Götterabstammung) von der Entstehung der Welt und beschreibt die Abstammung, Verwandtschaft und Herrschergeschlechter der griechischen Götter. Homer (8. Jh. v. Chr.) verfasste die Epen „Ilias" und „Odyssee", in denen die Götter in ihrem Verhalten – Streit, Betrug und Willkür – den Menschen ähnlich dargestellt werden.

Jedermann hat ja von Anfang her an Homer sich geschult.
Alles hingen den Göttern sie an, Hesiod und Homer,
was bei den Menschen als Schande gilt und Tadel hervorruft:
Stehlen, Untreue gegen den Gatten, einander Betrügen.
Aber die Sterblichen wähnen, die Götter würden geboren,
und sie hätten Gestalt und Tracht und Sprache wie sie.
Hätten die Ochsen, Rosse und Löwen Hände und könnten
malen und Werke sie schaffen und bilden gleiche Menschen,
dann würde das Pferd wie ein Ross und ähnlich dem Ochsen der Ochse
seine Götter gestalten und Körper würden sie bilden,
so wie jegliches selbst das eigene Aussehen kennt.
Äthiopier sehen ihre Götter stumpfnasig, schwarz;
glänzenden Auges, rothaarig stellen die Thraker sie dar.

(Zit. nach: Die Anfänge der abendländischen Philosophie, übersetzt und erläutert von Michael Grünwald, Zürich und München 1991, S. 88)

Arbeitsaufträge und Fragen
Pyramus und Thisbe (Met. IV 55–166)

1
a) Nennen Sie in den Versen 55–80 inhaltliche und formale Elemente, die der Einführung (Exposition) in die Geschichte dienen.
b) Achten Sie auf die sprachlich-stilistische Gestaltung der Verse 65–80 und deren Bedeutung für den Inhalt.

2
a) Geben Sie anhand einer Satzanalyse den Entschluss von Pyramus und Thisbe wieder (V. 84 b-88 a).
b) Beschreiben Sie den Ort der geheimen Zusammenkunft (V. 88–90) und erläutern Sie, inwiefern dieser Ort auf den Ausgang der Geschichte verweist.
c) Woran ist zu erkennen, dass die Verse 81–92 eine erzählerische Einheit bilden?
d) Erstellen Sie eine metrische Analyse von Vers 91 und stellen Sie den Bezug zum Inhalt dar.

3
a) Wie erzeugt Ovid in den Versen 93–104 Spannung?
b) Durch welche stilistischen Mittel (Satzbau, Verteilung der Subjekte, Anzahl der Verben) gestaltet Ovid diese Szene?
c) Wie deuten Sie Ovids Kommentar audacem faciebat amor (V. 96a)?

4 a) Schildern Sie die Empfindungen des Pyramus, als er am vereinbarten Treffpunkt erscheint (V. 105–118).
b) Was will Pyramus mit seinem Selbstmord zum Ausdruck bringen? Achten Sie in diesem Zusammenhang auf die stilistische Gestaltung von Vers 108.
c) Erläutern Sie den Bezug der Verse 108 f. zu den Versen 91 f.

5 a) Zeigen Sie auf, dass der Reaktion Thisbes (V. 128–163) ein Erkenntnisprozess zugrunde liegt und gliedern Sie diese Verse in die entsprechenden Abschnitte.
b) Welchen Schluss kann man vom Umfang der Abschnitte auf den Aufbau dieser Textpassage ziehen?
c) Erläutern Sie entsprechend der Gliederung die jeweilige Reaktion Thisbes. Beachten Sie in diesem Zusammenhang stilistische Erscheinungen.
d) Vergleichen Sie das Verhalten Thisbes (V. 128–163) mit dem des Pyramus (V. 105–118).

6 Welche Bedeutung kommt dem Maulbeerbaum innerhalb der Geschichte zu?

7 a) Welche Hindernisse stellen sich der Liebe von Pyramus und Thisbe in den Weg?
b) Erläutern Sie, welche Bedeutung diese Hindernisse für das Verhältnis der Liebenden haben.

8 Warum ist das Geschehen als tragisch zu bezeichnen?

9 a) Erkundigen Sie sich in einem Lexikon oder per Internet über den Aufbau eines antiken Dramas.
b) Zeigen Sie, dass diese Geschichte wie ein Drama aufgebaut ist.

10 Beschreiben Sie das pompejanische Wandgemälde und setzen Sie es in Bezug zum Text.

Arbeitsaufträge und Fragen
Latona und die lykischen Bauern (Met. VI 313–381)

1 a) Benennen Sie das Thema dieser Geschichte, indem Sie die entsprechenden lateinischen Begriffe zitieren (V. 313-318).
b) Wie begründet Ovid die Wahl dieser Geschichte (V. 319 ff.)?
c) Erläutern Sie die Wirkung, die vom Altar ausgeht (V. 325-328). Beachten Sie dabei die metrische und sprachliche Gestaltung dieser Verse.
d) Welche Funktion erfüllt die Einleitung?

2 a) Schildern Sie die Lage der Göttin Latona (V. 331-342) anhand der Begriffe, die auf ihr Befinden verweisen. Berücksichtigen Sie ebenfalls stilistische Erscheinungen in den Versen 336, 340, 341.
b) Wie wirkt Latona auf den Leser?

3 a) Wie verläuft die Begegnung zwischen Latona und den Bauern (V. 343–348 a)? Achten Sie dabei auf die Verteilung der Subjekte.
b) Erläutern Sie den Zusammenhang zwischen der metrischen Gestaltung der Verse 343-345 und dem Inhalt.

4 a) Wie tritt Latona den lykischen Bauern gegenüber (V. 349-359)?
b) Mit welchen Argumenten versucht Latona, die Bauern zu einer Änderung ihres Verhaltens zu bewegen (V. 349-359)?

5 Charakterisieren Sie das Verhalten der Bauern nach der Rede Latonas (V. 361-365). Beachten Sie die Verwendung von Stilmitteln.

6 a) Vergleichen Sie die Verhaltensweise der Bauern vor (V. 361-365) und nach der Verwünschung durch Latona (V. 370 b-381).
b) Warum werden die Bauern ausgerechnet in Frösche verwandelt? Leiten Sie daraus das Charakteristikum dieser Verwandlung ab.
c) Untersuchen Sie die Verwandlungsszene (V. 371 b-381) auf sprachliche und stilistische Erscheinungen und erklären Sie deren Bedeutung für den Inhalt.

7 Erläutern Sie, inwiefern Latona im Laufe der Geschichte selbst eine Wandlung durchmacht.

8 Welcher Moment der Geschichte ist im Kupferstich von Virgil Solis festgehalten?

Arbeitsaufträge und Fragen
Daedalus und Ikarus (Met. VIII 183–235)

1 a) Benennen Sie das Thema dieser Geschichte anhand des vorherrschenden Sachfeldes.
b) Erschließen Sie anhand der wichtigsten Prädikate und Subjekte den Inhalt dieser Geschichte. Beachten Sie dabei die Konnektoren (Verbindungswörter).

2 Stellen Sie die Ausgangsposition dieser Geschichte dar (V. 183-187). Achten Sie dabei auf stilistische Erscheinungen und erläutern Sie deren Bedeutung für den Inhalt.

3 a) Wie will sich Daedalus der Macht des Minos entziehen (V. 188-195 a)?
b) Wozu dient der Vergleich in den Versen 191 f.?
c) Erläutern Sie die Bedeutung des Ausdrucks naturam novat (V. 189).

4 a) Wie wird Ikarus dargestellt (V. 195 b-200 a)?
b) Warum wird Daedalus in Vers 199 als pater bezeichnet?

5 a) Erklären Sie anhand sprachlicher Merkmale den Charakter der Verse 200 b-209.
b) Welche Weisung erteilt Daedalus seinem Sohn?

6 a) Erläutern Sie die Gefühlslage des Daedalus (V. 210-216).
b) Welche Funktion erfüllt der Vergleich in Vers 213 f.?
c) Was bewirkt die Vorwegnahme des Geschehens in Vers 211 f. und V. 215?
d) Welche Rolle spielen die in Vers 217 ff. genannten Erdbewohner?

7 a) Aus welchem Grund kommt Ikarus der Sonne zu nahe (V. 223 ff.)?
b) Welche stilistischen Erscheinungen unterstreichen das inhaltliche Geschehen (V. 220 b-230)?

8 a) Verdeutlichen Sie anhand der sprachlichen Merkmale und des Tempuswechsels (dixit, dicebat) die Gefühlsverfassung des Daedalus (V. 231-235).
b) Vergleichen Sie diese Schlussverse mit den Anfangsversen (V. 183-189 a). Achten Sie dabei auf den Begriff artes in V. 188 und V. 234.

9 Stellen Sie stichwortartig den Spannungsverlauf dieser Geschichte dar.

10 Kann man von einer Schuld des Daedalus oder Ikarus sprechen?

11 a) Erkundigen Sie sich über den Begriff ‚Hybris'.
b) Kann man die Erfindung des Daedalus als Hybris bezeichnen?

12 a) Erläutern Sie anhand dieser Geschichte den Begriff der ‚Ambivalenz der Technik'. Beachten Sie dabei die Verse 215-220 a.
b) Beziehen Sie sich auf entsprechende Beispiele aus der Gegenwart.

13 Überlegen Sie, warum sich Schriftsteller, Maler, Bildhauer und Musiker immer wieder mit diesem Stoff auseinander gesetzt haben?

14 Welche Botschaft will B. Brecht mit seinem Gedicht über den Schneider von Ulm (s. Begleittext) im Vergleich zu Ovid vermitteln?

15 a) Beschreiben Sie das pompejanische Wandgemälde und vergleichen Sie es mit dem Text Ovids.
b) Beschreiben Sie das Bild von Allan Jones und setzen Sie es in Bezug zum Text Ovids.

Begleittext zu „Daedalus und Ikarus"

Bertolt Brecht (1898-1956)

Ulm 1592

Bischof, ich kann fliegen
Sagte der Schneider zum Bischof.
Paß auf, wie ich's mach!
Und er stieg mit so'nen Dingen
Die aussahn wie Schwingen,
Auf das große, große Kirchendach.

Der Bischof ging weiter:
Das sind lauter so Lügen
Der Mensch ist kein Vogel
Es wird nie ein Mensch fliegen
Sagte der Bischof vom Schneider.

Der Schneider ist verschieden
Sagten die Leute dem Bischof.
Es war eine Hatz.
Seine Flügel sind zerspellet
Und er liegt zerschellet
Auf dem harten, harten Kirchenplatz.

Die Glocken sollen läuten
Es waren nichts als Lügen
Der Mensch ist kein Vogel
Es wird nie ein Mensch fliegen
Sagte der Bischof den Leuten.

(Legende aus der Zeit der Bauernkriege)

(Zit. nach: Bertolt Brecht, Ausgewählte Gedichte, Suhrkamptexte 3, Frankfurt a. M. 1960, S. 34 f.)

Arbeitsaufträge und Fragen Philemon und Baucis (Met. VIII 611–724)

1 a) Stellen Sie die beiden Anschauungen über die Macht der Götter dar (V. 611–619).
b) Welche Bedeutung kommt dabei den Versen 620–625 zu?

2 Welche Erfahrungen machen Jupiter und Merkur auf der Erde (V. 626–630)? Beachten Sie die Verwendung stilistischer Erscheinungen und deren Bedeutung für den Inhalt.

3 Mit welchen Begriffen werden Philemon und Baucis charakterisiert (V. 631–636)? Welche stilistischen Erscheinungen unterstreichen den Inhalt dieser Verse?

4 a) Beschreiben Sie am Beispiel der Verse 637–645 das Verhalten von Philemon und Baucis gegenüber den Göttern.
b) Nennen Sie stichwortartig die Punkte, an denen sich die Gastfreundschaft von Philemon und Baucis zeigt (V. 637–678).
c) Wodurch zeichnet sich die Gastfreundschaft von Philemon und Baucis aus? Beachten Sie die Adjektive, die auf die Lebensverhältnisse beider hinweisen.

5 a) Vergleichen Sie die Wesens- und Lebensart von Philemon und Baucis mit der Beschreibung des goldenen (Met. I 103–112) und eisernen Zeitalters (Met. I 127–150).
b) Was schließen Sie daraus?

6 Wie reagieren Philemon und Baucis, als sie erkennen, dass ihre Gäste Götter sind (V. 681–688)?

7 Worin zeigt sich in den Versen 698–700 a die pietas von Philemon und Baucis? Beachten Sie in diesem Zusammenhang die stilistische und metrische Gestaltung von Vers 694.

8 Erklären Sie, warum sich das Haus von Philemon und Baucis in einen Tempel verwandelt (V. 699–702).

9 Erläutern Sie die Wünsche von Philemon und Baucis (V. 707–710).

10 a) Nennen Sie die Begriffe, an denen die Verwandlung von Philemon und Baucis in Bäume ersichtlich wird (V. 711–720).
b) Erläutern Sie die Verwandlung von Philemon und Baucis in Bäume. Beachten Sie die Erläuterung zu V. 720.
c) Zeigen Sie anhand der Verse 707–720 den Zusammenhang von stilistischen Erscheinungen und dem Inhalt auf.

11 Stellen Sie die verschiedenen Stufen der Existenz von Philemon und Baucis dar.

12 Zeigen Sie, dass der Schlussteil (V. 711–724) mit dem Anfang (V. 611–625) korrespondiert.

13 Vergleichen Sie das Verhalten von Philemon und Baucis gegenüber den Göttern mit dem der lykischen Bauern gegenüber Latona (Met. VI 313–381).

14 An welchen Stellen zeigt sich Ovids Humor?

15 Beschreiben Sie den Holzschnitt von Chr. Murer/M. Brommer und geben Sie an, welche Szene der Geschichte Ovids dargestellt ist. Wo stellen Sie Unterschiede zu Ovid fest?

Arbeitsaufträge und Fragen
Orpheus und Eurydike (Met. X 1–77)

1 a) Welche Begriffe geben die Stimmung der Hochzeit von Orpheus und Eurydike wieder (V. 1–7)?
b) Erläutern Sie die Bedeutung der stilistischen und metrischen Gestaltung für den Inhalt dieser Verse.
c) In welcher Tonlage behandelt Ovid den Tod der Eurydike (V. 8–10)?

2 Mit welchen Begriffen charakterisiert Ovid die Unterwelt (V. 12–16 a)?

3 a) Wodurch ist der Gesang des Orpheus (V. 17–39) motiviert?
b) Welches Ziel verfolgt Orpheus mit seinem Gesang?
c) Wie gelingt es Orpheus, die Mächte der Unterwelt in seinem Sinne zu beeinflussen?
I Gliedern Sie dazu den Abschnitt anhand der Personenendungen der Prädikate und erläutern Sie die Konstellation der Personen.
II Beschreiben Sie stichwortartig die Verknüpfung der Gedanken. Achten Sie dabei auf Konjunktionen und Begriffe, die sich wiederholen.
III Erkundigen Sie sich in einem Lexikon oder per Internet unter dem Stichwort ‚Rhetorik' über den Aufbau einer antiken Rede und ordnen Sie die einzelnen Teile von Orpheus' Gesang diesem Aufbauschema zu.
d) Untersuchen Sie den Gesang auf Stilmittel und deren Bedeutung für den Inhalt.
e) Charakterisieren Sie den Stil dieses Gesangs anhand des Begriffpaares 'Gefühl und Vernunft'.

4 a) Beschreiben Sie den Eindruck von Orpheus' Gesang auf die Bewohner der Unterwelt und erläutern Sie die Verwendung stilistischer Erscheinungen (V. 40–47).
b) Unter welcher Bedingung wird Eurydike aus der Unterwelt entlassen?

5 a) Wie gestaltet Ovid den Aufstieg aus der Unterwelt? Beachten Sie insbesondere die Wortarten und die Metrik (V. 53 f.).
b) Aus welchem Grund verliert Orpheus Eurydike?
c) Erläutern Sie anhand der Verbformen der Verse 56–61 das inhaltliche Geschehen. Achten Sie insbesondere auf die Verwendung von Partizipien.

6 a) Welche Funktion erfüllen die Vergleiche (V. 64–71)?
b) Warum erwähnt Ovid mythische Figuren, die sich in Stein verwandelten?
c) Welche Begriffe kennzeichnen den inneren Zustand des Orpheus (V. 72–77)?
d) Vergleichen Sie die Reaktion des Orpheus mit derjenigen Eurydikes (V. 57–63) und beurteilen Sie, ob die Klage des Orpheus gerechtfertigt ist.

7 a) Erläutern Sie, warum Orpheus eine tragische Figur ist.
b) Zeigen Sie, dass das Ende der Geschichte (V. 72–77) mit dem Anfang (V. 1–7) korrespondiert.

8 Inwiefern hat Ulla Hahn in ihrem Gedicht „Verbesserte Auflage" den Text Ovids umgedeutet.

9 Beschreiben Sie das Orpheus-Relief und den Kupferstich von J. W. Baur und erläutern Sie deren Unterschiede im Vergleich mit dem Text Ovids.

Begleittext zu „Orpheus und Eurydike"

Verbesserte Auflage

Nur noch wenige Schritte dann
wird sie ihm wieder gehören hören

beschwören sein Lied das ohne sie
ihm versiegt. Hals Nase Ohren
die Augen die Haare den Mund
und so weiter wie
will er sie preisen allein
zu ihrem ewigen Ruhm.
Als eine Stimme anhebt.
Orpheus hört:
die zum Lauschen Bestellte fällt
singend ihm in den Rücken.
Da
dreht er sich um und
da
gleitet aus seinen verwirrten Händen
die Leier. Die Euridike aufhebt
und im Hinausgehn schlägt in noch
leise verhaltenen Tönen. Hals Nase Ohren
die Augen die Haare den Mund
und so weiter wie
will sie ihn preisen allein
zu seinem ewigen Ruhm.
Ob Orpheus ihr folgte
lassen die Quellen
im Trüben.

(Ulla Hahn, Herz über Kopf, Stuttgart 1981, S. 56)

Arbeitsaufträge und Fragen
Pygmalion (Met. X 243–297)

1 Gliedern Sie den Text anhand der Tempora und erläutern Sie deren Bedeutung im Zusammenhang mit dem inhaltlichen Geschehen.

2 a) Aus welchem Grund schafft Pygmalion die Skulptur einer Frau (V. 243–246)? Beachten Sie in diesem Zusammenhang die Verwendung von metrischen und stilistischen Mitteln.
b) Welche Qualität weist diese Skulptur auf (V. 247–249 a)?

3 a) Welchen Eindruck macht die Skulptur auf ihn (V. 249 b–253)?
b) Erläutern Sie den Ausdruck ars adeo latet arte sua (V. 252).

4 a) Wie nimmt Pygmalion seine Skulptur wahr (V. 245–269)?
b) Beschreiben Sie die Atmosphäre, die sich aus Pygmalions Umgang mit seiner Skulptur ergibt (V. 254–269).

5 Welche Bedeutung hat das Fest der Venus (V. 270–279) für Pygmalion? Inwieweit trägt Pygmalion selbst dazu bei, dass sein Wunsch in Erfüllung geht?

6 Schildern Sie die Empfindungen Pygmalions bei der Verwandlung der Skulptur (V. 280–294). Erläutern Sie die Bedeutung der Stilmittel, indem Sie insbesondere auf Wortwiederholungen und auf die Kombination von Aktiv- und Passivformen achten.

7 Vergleiche Sie die Verse 280–294 mit den Versen 254–269. Arbeiten Sie die Gemeinsamkeiten und Unterschiede heraus. Achten Sie auf gleiche oder bedeutungsähnliche Begriffe.

8 Beschreiben Sie die zwei Abbildungen (s. auch Farbteil, S. 150) und formulieren Sie vor dem Hintergrund des ovidschen Pygmalion die jeweilige künstlerische Aussage.

Arbeitsaufträge und Fragen Midas (Met. XI, 85–145)

1 a) Untersuchen Sie die Verse 85–99 auf die Tempora.
b) Welche Funktion erfüllen diese Tempora im Textzusammenhang?

2 a) Wie wird die Einführung des Silenus in das Geschehen dargestellt (V. 90–93)? Beachten Sie das Vokabular, die Metrik und die Stilmittel.
b) Zeigen Sie den Zusammenhang der metrischen Gestaltung der Verse 95 ff. und dem Inhalt auf.
c) Erläutern Sie die Rolle des Silenus für das inhaltliche Geschehen (V. 90–99).

3 a) Beschreiben Sie den Inhalt der Verse 106–130 anhand der Stimmungslage des Midas.
b) Untersuchen Sie die Verse 100–130 in Bezug auf Stilmittel und deren Bedeutung für den Inhalt.
c) Inwiefern verwandelt sich auch Midas? Achten Sie dabei in den Versen 106–120 auf Begriffe, die sich in den Versen 121–126 wiederholen.

4 a) An welchen Textstellen kommentiert Ovid das Geschehen?
b) Worauf beziehen sich diese Kommentare?
c) Wie erscheint dadurch die Figur des Midas?

5 Erläutern Sie die inhaltliche und formale Bedeutung der Schlussverse (V. 140–145).

6 a) Beschreiben Sie anhand der Abbildung des Kleophrades-Malers den Zug des Dionysos (Bacchus) mit seinem Gefolge (siehe Farbteil, s. 151 f.).
b) Sammeln Sie weitere Informationen zum Wirken des Bacchus und tragen Sie sie vor.

7 Beschreiben Sie den Holzschnitt (Perugia 1519) und ordnen Sie die Abbildung dem Text zu.

Arbeitsaufträge und Fragen Apotheose des Aeneas (Met. XIV 581–608)

1 Gliedern Sie den Text anhand der Tempora und erläutern Sie deren Zusammenhang mit dem Inhalt. Was ist an der Abfolge der Tempora festzustellen?

2 a) Was bewirkt die Aeneia virtus bei den Göttern (V. 581 f.)? Beachten Sie stilistische Auffälligkeiten.
b) Was ist unter dem Begriff Aeneia virtus (V. 581) zu verstehen? Erläutern Sie diesen Begriff anhand des Prooemiums von Vergils „Aeneis" (s. Begleittext). Informieren Sie sich darüber hinaus in einem Lexikon der Antike oder im Internet über die Taten des Aeneas und tragen Sie die Ergebnisse vor. Beziehen Sie sich auch auf die Skulptur von G. L. Bernini.

3 a) Was ist das Anliegen der Venus?
b) Wie gelingt es Venus, ihr Anliegen bei Jupiter durchzusetzen (V. 585–591)? Achten Sie auf sprachliche und stilistische Erscheinungen.
c) Worin äußert sich der parodistische Unterton dieser Verse?

4 Geben Sie die Vorbereitungen zur Apotheose des Aeneas wieder (V. 596–608).

5 Beschreiben Sie die Plastik von G. L. Bernini und erläutern Sie, welchen Charakterzug des Aeneas der Künstler besonders zum Ausdruck gebracht hat.

Begleittext zur „Apotheose des Aeneas"

Der römische Dichter Vergil (70–19 v. Chr.) verfasste in den Jahren 29–19 v. Chr. das Epos „Aeneis", in dem er das Schicksal des Aeneas von der Flucht aus Troja bis zum Sieg über den italischen Rutulerfürsten Turnus schildert. Aeneas gilt als Stammvater der Römer. Die „Aeneis", die bald zum Nationalepos der Römer wurde, wird durch das folgende Prooemium eingeleitet:

Arma virumque cano, Troiae qui primus ab oris
Italiam fato profugus Laviniaque venit
litora – multum ille et terris iactatus et alto
vi superum, saevae memorem Iunonis ob iram,
multaque quoque et bello passus, dum conderet urbem
inferretque deos Latio, genus unde Latinum
Albanique patres atque altae moenia Romae.
Musa, mihi causas memora, quo numine laeso
quidve dolens regina deum tot volvere casus
insignem pietate virum, tot adire labores
impulerit. tantaene animis caelestibus irae?

Waffentat künde ich und den Mann, der als Erster von Troja,
schicksalgesandt, auf der Flucht nach Italien kam und Laviniums
Küsten, viel über Lande geworfen und wogendes Meer durch
Göttergewalt, verfolgt vom Groll der grimmigen Juno,
viel auch duldend durch Krieg, bis er gründe die Stadt und die Götter
bringe nach Latium, dem das Geschlecht entstammt der Latiner,
Albas Väter und einst die Mauern der ragenden Roma.
Muse, sag mir die Gründe, ob welcher Verletzung des hohen
Willens, worüber voll Gram die Götterkönigin jenen
Mann, das Vorbild der Ehrfurcht, in so viel Jammer, in so viel
Mühsal gejagt. Kann so die Gottheit grollen und zürnen?

(Zit. nach: Vergil, Sämtliche Werke, übersetzt von J. und M. Götte, München 1972, S. 113)

Arbeitsaufträge und Fragen Epilog (Met. XV 871–879)

1 a) Erschließen Sie das Thema des Epilogs anhand des Sachfeldes, aus dem die meisten Begriffe stammen.
b) Untersuchen Sie die Prädikate auf Personenendungen und Tempora und benennen Sie deren Bedeutung für den Inhalt.

2 Geben Sie mithilfe der Ergebnisse von Pkt. 1a und 1b den Gedankengang des Epilogs wieder und formulieren Sie dessen Aussage.

3 Welche sprachlichen, stilistischen und metrischen Mittel verwendet Ovid, um seine Aussage zu verdeutlichen?

4 Inwiefern stellt der Epilog eine Metamorphose dar?

5 Vergleichen Sie Ovids Anspruch auf Unsterblichkeit mit der Apotheose des Aeneas (Met. XIV 582–608).

6 Deuten Sie den Ausdruck Iovis ira (V. 871) als eine Anspielung auf Augustus. Beachten Sie dazu Pkt. 2 der Einleitung.

7 Welche Punkte des Epilogs verweisen auf das Prooemium?

8 Vergleichen Sie Ovids Epilog mit dem Begleittext (C. III, 30 von Horaz).

Begleittext zum „Epilog“

Der römische Dichter Horaz (65 v. Chr.–8 n. Chr.) schloss sein drittes Odenbuch mit folgendem Gedicht (c. III, 30):

Exegi monumentum aere perennius
regalique situ pyramidum altius,
quod non imber edax, non aquilo impotens
possit diruere aut innumerabilis
annorum series et fuga temporum.
non omnis moriar multaque pars mei
vitabit Libitinam: usque ego postera
crescam laude recens, dum Capitolium
scandet cum tacita virgine pontifex.
dicar, qua violens obstrepit Aufidus
et qua pauper aquae Daunus agrestium
regnavit populorum, ex humili potens
princeps Aeolium carmen ad Italos
deduxisse modos. sume superbiam
quaesitam meritis et mihi Delphica
lauro cinge volens, Melpomene, comam.

Erläuterungen:

V. 7 **Libitina:** Leichengöttin; metonym.: Tod

V. 8 **Capitolium:** einer der sieben Hügel Roms und dessen religiöses Zentrum mit einem prächtigen Jupitertempel. Durch den Jupiterkult wurde das Kapitol die heilige Stätte des römischen Staates.

V. 9 **tacita virgo:** Gemeint ist eine Vestalische Jungfrau, die unter der Oberaufsicht des pontifex maximus das heilige Feuer des Staatsherdes im Tempel der Vesta bewachte.
pontifex: Priester, dem die Aufsicht über den Vestakult oblag. Zu bestimmten Zeiten stieg der pontifex maximus mit der Obervestalin auf das Kapitol, um im Jupitertempel für das Wohl des Staates zu beten und Opfer darzubringen.

V. 10 **Aufidus:** Hauptfluss Apuliens, an dem Venusia, die Geburtsstadt des Horaz, lag

V. 11 **Daunus:** mythischer König Apuliens

V. 13 **Aeolium carmen:** die in äolischen Versmaßen abgefasste Lyrik des griechischen Dichters Alkaios (600 v. Chr.) und der von der äolischen Insel Lesbos stammenden Dichterin Sappho (600 v. Chr.)

V. 15 **Delphica (laurus):** Als Zeichen Apollons, der in Delphi ein berühmtes Orakel hatte, war der Lorbeer das Attribut der Musen, der Seher und der Dichter.

V. 16 **Melpomene:** Muse der Tragödie und der Lyrik

Übersetzung von c. III, 30:

Also schuf ich ein Mal dauernder noch als Erz,
Majestätischer als der Pyramiden Bau,
Das kein Regen zernagt, rasenden Nordes Wut
Nicht zu stürzen vermag, noch der Jahrhunderte
Unabsehbare Reihn oder der Zeiten Flucht.
Nein, ich sterbe nicht ganz, über das Grab hinaus
Bleibt mein edleres Ich; und in der Nachwelt noch
Wächst mein Name, so lang, als mit der schweigenden
Jungfrau zum Kapitol wandelt der Pontifex.
Wo der Aufidus wild braust und, an Quellen arm,
Einst ob ländlichem Volk Daunus geherrscht, von dort –
Also sagt man dereinst – schwang er sich auf vom Staub,
Er, der Erste, der Roms Sange äolischer
Lyra Klänge verliehn. Nimm den erhabnen Preis,
Den mein Wirken verdient, winde, Melpomene,
Huldreich mir um das Haupt delphischen Lorbeerzweig!

(Zit. nach: Horaz, Sämtliche Werke, hg. von Hans Färber, Artemis/München [9]1982, S. 177)

Lernvokabular „Prooemium" (Met. I 1–4)

1	novus, a, um	neu, neuartig
	mūtō, mūtāre	(ver)ändern, verwandeln
	dīcō, dīxī, dictum, dīcere	sprechen; singen von
	fōrma, ae f.	Gestalt, Figur
2	nam	denn, nämlich
3	orīgō, orīginis f.	Ursprung
	mundus, ī m.	Welt, Erde
4	perpetuus, a, um	fortlaufend, zusammenhängend
	carmen, inis n.	Gedicht, Lied

Lernvokabular „Die vier Weltalter" (Met. I 89–150)

89	aureus, a, um	golden
	aetās, ātis f.	Zeitalter; Menschengeschlecht
90	sponte suā	aus eigenem Antrieb, von selbst
	colō, coluī, cultum, colere	(be)bauen; pflegen; verehren
91	metus, ūs m.	Furcht
92	legō, lēgī, lēctum, legere	sammeln; lesen
93	iūdex, iūdicis m.	Richter
	tūtus, a, um	sicher, geschützt
94	vīsō, vīsī, vīsere	besichtigen; besuchen
	orbis, is m.	Kreis; Erdkreis
95	dēscendō, dēscendī, dēscendere	herabsteigen, herabfallen
96	lītus, oris n.	Meeresufer; Küste
	nōvī, nōvisse	kennen
97	praeceps, praecipitis	kopfüber; steil
	cingō, cīnxī, cīnctum, cingere	umgürten; umgeben, einschließen
	fossa, ae f.	Graben
98	cornu, cornūs n.	Horn
	flectō, flexī, flexum, flectere	biegen, krümmen
99	mīles, itis m.	Soldat, Krieger
	ūsus, ūsūs m.	Gebrauch
100	mollis, e	sanft, behaglich
	gēns, gentis f.	Abstammung; Geschlecht; Volk
101	intāctus, a, um	unberührt, unversehrt
102	tellūs, tellūris f.	Erde
103	cōgō, coēgī, coactum, cōgere	zusammentreiben; zwingen
	creō, creāre	hervorbringen, erschaffen

105	haereō, haesī, haerēre	hängen an, festsitzen
106	arbor, oris f.	Baum
107	vēr vēris n.	Frühling
	aeternus, a, um	ewig, unvergänglich
	placidus, a, um	sanft, friedlich
	aura, ae f.	Hauch, Luft, Wind
108	nātus, a, um	geboren, geschaffen
109	ferō, tulī, lātum, ferre	tragen, hervorbringen
110	renovō, renovāre	erneuern, neu bearbeiten
	ager, agrī m.	Feld, Acker; Land
111	flūmen, inis n.	Fluss, Strom
113	mittō, mīsī, missum, mittere	schicken
114	argenteus, a, um	silbern
115	aurum, ī n.	Gold
	aes, aeris n.	Kupfer, Bronze
116	(con)trahō, trāxī, tractum, trahere	(zusammen)ziehen
117	hiems, hiemis f.	Winter
	aestus, ūs m.	Glut, Hitze
118	brevis, e	kurz
	spatium, ī n.	Raum; Zeitraum
120	ventus, ī m.	Wind
	pendeō, pependī, pendēre	(herab)hängen
121	domus, ūs f.	Haus
124	premō, pressī, pressum, premere	(nieder)drücken
	iugum, ī n.	Joch
125	succēdō, sucessī, successum, succēdere	nachfolgen, nachrücken
126	saevus, a, um	wild, rasend, grausam
	ingenium, ī n.	Veranlagung, Natur(anlage), Charakter
	prōmptus, a, um (ad m. Akk.)	bereit, entschlossen (zu)
	arma, ōrum, n.	Waffen
127	tamen	dennoch
	ultimus, a, um	der äußerste, letzte
	ferrum, ī n.	Eisen
128	pēior, pēius (Komp. von malus, a, um)	schlechter
129	nefās n. (undekl.)	Frevel
	fugiō, fūgī, fugere	fliehen; meiden, entgehen
	pudor, pudōris m.	Scham; Anstand, Ehrgefühl
130	fraus, fraudis f.	Betrug, Täuschung
	dolus, ī m.	böser Wille, (Hinter-)List
131	īnsidiae, ārum f.	Hinterhalt; Verrat, Heimtücke
	vīs, vim, vī f.	Kraft; Gewalt
132	adhūc (Adv.)	bis jetzt, noch
133	prius (Adv.)	eher, früher
	stō, stetī, stāre	stehen
134	flūctus, ūs m.	Flut; Meer
135	commūnis, e	gemeinsam
	lūmen, inis n.	Licht

136	humus, ī f.	Erdboden
137	non tantum, ... sed	nicht nur, sondern ...
	dīves, itis	reich, ertragreich
138	eō, iī, itum, īre	gehen
140	opēs, um f.	Reichtum, Macht, Einfluss
	malum, ī n.	Übel; Bosheit
141	nōcēns, nōcentis	schädlich
142	bellum, ī n.	Krieg
	uterque, utraque, utrumque	jeder von beiden, beide
143	manus, ūs f.	Hand; Schar
144	raptum, ī n.	Raub
	hospes, hospitis m.	Gast; Gastgeber
145	frāter, tris m.	Bruder; (Pl.) Geschwister
146	vir, ī m.	Mann; Ehemann
	coniūx, iugis f./m.	Gattin; Gatte
147	terribilis, e	schrecklich
	misceō, miscuī, mixtum, miscēre	mischen
148	diēs, diēī m.	Tag
	patrius, a, um	väterlich, des Vaters
149	vincō, vīcī, vinctum, vincere	besiegen
	iacēō, iacuī, iacēre	liegen, daniederliegen
	pietās, ātis f.	Pflichtgefühl; Frömmigkeit, Loyalität
150	relinquō, relīquī, relictum, relinquere	zurücklassen, verlassen

Lernvokabular „Die Sintflut" (Met. I 240–312)

254	timeō, timuī, timēre (nē)	fürchten, dass
	forte (Adv.)	vielleicht, etwa
	sacer, cra, crum	heilig
	tot	so viele
	īgnis, is m.	Feuer, Brand
256	adsum, adfuī, adfutūrum, adesse	da sein; nahen; helfen
257	tellūs, ūris f.	Erde
258	ārdeō, ārsī, arsum, ārdēre	brennen, in Flammen stehen
	obsidēo, obsēdī, obsessum, obsidēre	einschließen, bedrängen
	labōrō, laborāre	in Not, Bedrängnis sein; leiden
259	tēlum, ī n.	Geschoss; Blitz
	repōnō, reposuī, repositum, repōnere	weglegen, beiseite legen
	manus, ūs f.	Hand; Schar
	fabricō, fabricāre	herstellen; schmieden
260	poena, ae f.	Strafe, Bestrafung
	dīversus, a, um	entgegengesetzt
	alicui placet (m. Inf.)	jemand beschließt, findet für gut
261	perdō, perdidī, perditum, perdere	zugrunde richten, töten
	dēmittō, dēmīsī, dēmissum, dēmittere	hinabschicken

262	claudō, clausī, clausum, claudere	(ein)schließen, einsperren
264	ēmittō, ēmīsī, ēmissum, ēmittere	herausschicken; loslassen, freilassen
	ēvolō, ēvolāre	herausfliegen
265	vultus, ūs, m.	Miene; Gesicht
266	gravis, e	schwer
	fluō, flūxī, fluere	fließen, strömen
267	frōns, frontis f.	Stirn
	sedeō, sēdī, sessum, sedēre	sitzen, sich befinden
268	lātus, a, um	weit, breit, ausgedehnt
	pendeō, pepēndī, pendēre	(herab)hängen
	premō, pressī, pressum, premere	(zusammen)drücken, -pressen
269	fiō, factum, fierī	werden; geschehen, gemacht werden
	fundō, fūdī, fūsum, fundere	ausgießen, zerstreuen
	fundor, fundī (reflexiv medial)	strömen, sich ergießen
270	nuntia, ae f.	Botin
271	afferō attulī, allātum, affere	herbeitragen, -bringen
272	sternō, strāvī, strātum, sternere	(auf den Boden) streuen; niederwerfen
273	iaceō, iacuī, iacēre	(am Boden) liegen, daliegen
	pereō, iī, īre	zugrunde gehen, verloren gehen
	labor, ōris m.	Arbeit, Anstrengung, Mühe
274	īra, ae f.	Zorn
275	adiuvō, adiūvī, adiūtum, adiuvāre	unterstützen, helfen
276	amnis, is m.	Strom, Fluss
	tectum, ī n.	Dach; Haus
	tyrannus, ī m.	Tyrann
277	intrō, intrāre	betreten, eintreten
278	ūtor, ūsus sum, ūtī (m. Abl.)	sich (einer Sache) bedienen, gebrauchen
	vīs, vim vī; Pl.: vīrēs, ium f.	Kraft, Gewalt
279	opus est	es ist notwendig
	aperiō, aperuī, apertum, aperīre	öffnen, aufmachen
	domus, ūs f.	Haus, Wohnsitz
	removeō, remōvī, remōtum, removēre	entfernen, beseitigen
280	flūmen, inis n.	Flut; Fluss
281	iubeō, iūssī, iussum, iubēre	befehlen, anordnen
282	volvō, volvī, volūtum, volvere	drehen, wälzen
	volvor, volvī (medial reflexiv)	sich rollen, sich wälzen
	cursus, ūs m.	Lauf; Strömung
283	at	aber
284	via, ae f.	Weg, Bahn
285	campus, ī m.	Feld, Gefilde
286	simul (Adv.)	zugleich, gleichzeitig
287	rapiō, rapuī, raptum, rapere	ergreifen, (mit sich) fortreißen
	sacrum, ī n.	Heiligtum
288	aliquī, qua, quod	irgendein
	maneō, mānsī, mānsum, manēre	bleiben; Bestand haben
	resistō, restitī, resistere	stehen bleiben; standhalten

289	malum, ī n.	Übel, Leid, Unheil
	tamen	dennoch
	altus, a, um	hoch; tief
290	tegō, tēxī, tēctum, tegere	(be)decken
	turris, is f.	hohes Gebäude; Turm
292	dēsum, dēfuī, dēesse	fehlen
	lītus, oris n.	Küste, Strand
293	occupō, occupāre	(ein)nehmen, besetzen
	collis, is m.	Hügel
	alter, era, erum	der eine/der andere (von beiden)
294	nūper (Adv.)	neulich, vor kurzem
295	villa, ae f.	Landhaus, Landgut
296	nāvigō, nāvigāre	mit dem Schiff fahren, segeln
	dēprehendō, dēprehendī, dēprehēnsum	ergreifen, fangen
297	fīgō, fīxī, fīxum, fīgere	befestigen; (med. pass.) haften
298	subiciō, subiēcī, subiectum, subicere	unterwerfen; (Perf. Pass.) unter etw. liegen
299	modo (Adv.)	soeben, gerade
	carpō, carpsī, carptum, carpere	abreißen; (ab)fressen
300	pōnō, posuī, positum, pōnere	setzen, legen, stellen
301	mīror, mīrātus sum, mīrāri	bewundern, bestaunen
	urbs, urbis f.	Stadt
302	teneō, tenuī, tenēre	halten; besitzen; bewohnen
303	agitō, agitāre	bewegen, treiben
304	lupus, ī m.	Wolf
	vehō, vēxī, vectum, vehere	(mit sich) führen, tragen
	leō, ōnis m.	Löwe
305	tigris, is m.	Tiger
306	auferō, abstulī, ablātum, auferre	wegtragen; fortreißen
	prōsum, prōfuī, prōdesse	nützen, nützlich sein
307	quaerō, quaesīvī, quaesītum, quaerere	suchen; fragen
	diū (Adv.)	lange (Zeit)
309	licentia, ae f.	Willkür; Unbändigkeit
310	novus, a, um	neu; bisher unbekannt
	mōns, montis m.	Berg, Gebirge
	flūctus, ūs m.	Flut
311	maximus, a, um	der größte
	pars, partis f.	Teil
	parcō, pepercī, parcere (m. Dat.)	(ver)schonen
312	inopia, ae f.	Mangel

Lernvokabular „Apollo und Daphne“ (Met. I 452–567)

453	īgnārus, a, um	unwissend; blind
	saevus, a, um	wild, grimmig
	īra, ae f.	Zorn
454	nūper (Adv.)	neulich, kürzlich
	vincō, vīcī, victum, vincere	besiegen, überwinden
	superbus, a, um (m. Abl.)	stolz (auf), hochmütig
455	flectō, flexī, flexum, flectere	biegen, krümmen
456	fortis, e	stark; tapfer
	arma, ōrum n.	Waffen
458	certus, a, um	sicher
	vulnus, eris n.	Verletzung, Verwundung
	hostis, is m.	Feind
459	modo (Adv.)	soeben, gerade
	tot	so viele
	premō, pressī, pressum, premere	drücken, pressen; auf etw. liegen
460	sternō, strāvī, strātum, sternere	(hin)streuen; niederstrecken, töten
462	laus, laudis f.	Lob, Ruhm
463	fīgō, fīxī, fīxum, fīgere	befestigen; durchbohren, treffen
464	animal, ālis n.	Lebewesen, Geschöpf
	cēdō, cessī, cēdere (m. Dat.)	weichen, sich fügen, sich unterordnen
465	cunctī, ae, a	alle, alles
	minor, us (Komp. von parvus, a, um)	kleiner, geringer
	glōria, ae f.	Ruhm, Ehre
467	cōnsistō, cōnstitī, cōnsistere	sich auf etw. stellen, sich niederlassen
	arx, arcis f.	Burg; Gipfel, Anhöhe
468	tēlum, ī n.	Geschoss
469	dīversus, a, um	entgegengesetzt
470	aurum, ī n.	Gold
472	at	aber
473	laedō, laesī, laesum, laedere	verletzen
	trāiciō, trāiēcī, trāiectum, trāicere	durchbohren
474	alter, era, erum	der eine/der andere (von beiden)
	fugiō, fūgī, fugere	fliehen (vor), meiden, ablehnen
475	silva, ae f.	Wald
	captīvus, a, um	gefangen, erbeutet
476	gaudeō, gāvīsus sum, gaudēre (m. Abl.)	sich freuen (über)
477	coerceō, coercuī, coercitum, coercēre	zusammenhalten
	lēx, lēgis f.	Gesetz; Regel, Ordnung
478	petō, petīvī, petītum, petere	streben nach, suchen; umwerben
480	cōnūbium, ī n.	Ehe(bund)
	cūrō, cūrāre	sorgen, sich kümmern
481	dēbeō, dēbuī, dēbitum, dēbēre	schulden; verdanken; müssen
483	velut	wie, gleichwie

	crīmen, inis n.	Verbrechen
485	haereō, haesī, haerēre	hängen (bleiben), haften
486	perpetuus, a, um	ewig, ununterbrochen
	cārus, a, um	lieb, teuer
487	virginitās, ātis f.	Jungfräulichkeit
	fruor, fruī (m. Abl.)	genießen, sich erfreuen an
	ante (Adv.)	früher
488	quidem ... sed	zwar, ... aber
	optō, optāre	wünschen
489	vōtum, ī n.	Gelübde, Wunsch
	forma, ae f.	Gestalt, Erscheinung
490	videō, vīdī, vīsum, vidēre	sehen
	cupiō, cupīvī, cupītum, cupere	begehren, verlangen
491	spērō, spērāre	(er)hoffen
	fallō, fefellī, fallere	täuschen
495	in flammās abīre	in Flammen aufgehen, Feuer fangen
	pectus, oris n.	Brust; Herz
497	spectō, spectāre	(an)schauen, betrachten
	inōrnātus, a, um	schmucklos
	pendeō, pepēndī, pendēre	(herab)hängen
498	īgnis, is m.	Feuer
499	sīdus, eris n.	Gestirn, Stern
	similis, e (m. Dat.)	ähnlich, gleich
	oculus, ī m.	Auge
500	satis est (m. Inf.)	es genügt, es reicht
	laudō, laudāre	loben
	manus, ūs f.	Hand
501	nūdus, a, um	nackt, entblößt
502	melior, ius (Komparativ von bonus, a, um)	besser
	putō, putāre (m. dopp. Akk.)	glauben, meinen; halten für
	aura, ae f.	Luftzug, Brise
503	levis, e	leicht
	revocō, revocāre	zurückrufen
	resistō, restitī, resistere	stehen bleiben
504	precor, precātus sum, precārī	bitten
	maneō, mānsī, manēre	bleiben
	īnsequor, īnsecutus sum, īnsequī	unmittelbar folgen, verfolgen
507	quisque, quaeque, quodque	jeder, jede, jedes
	causa, ae f.	Grund, Ursache
	sequor, secūtus sum, sequī	folgen
508	miser, era, erum	elend, unglücklich
509	dolor, ōris m.	Schmerz
510	asper, era, erum	rau, scharf, wild
	properō, properāre	eilen
	loca, ōrum n.	Gegend
	ōrō, ōrāre	bitten, beten

511	fuga, ae f.	Flucht
512	placeō, uī, placēre	gefallen
	tamen	dennoch; wenigstens
	mōns, montis m.	Berg, Gebirge
513	hīc (Adv.)	hier
514	observō, observāre	beobachten; aufpassen auf
	nesciō, īvī, ītum, nescīre	nicht wissen
515	tellūs, ūris f.	Erde, Land(schaft)
516	rēgia, ae f.	Königsburg
	serviō, servīre	dienen, gehorchen
518	pateō, patuī, patēre	zutage treten, sich offenbaren
	carmen, inis n.	Gesang, Lied; Gedicht
520	vacuus, a, um	leer, einsam
521	inventum, ī n.	Erfindung, Entdeckung
	medicīna, ae f.	Heilkunst
	orbis, is m.	Kreis; Welt, Erde
522	dīcī, dīcor (Pass. von dīcere)	heißen, gelten als
	subiectus, a, um esse	untertan sein; unterliegen, unterstehen
	potentia, ae f.	Wirksamkeit, Macht
523	sānābilis, e	heilbar
524	prōsum, prōfuī, prōdesse	nützen
	ars, artis f.	Kunst
525	loquor, locūtus sum, loquī	sprechen
	timidus, a, um	furchtsam, ängstlich
	cursus, ūs m.	Lauf
526	inperfectus, a, um	unvollendet
	relinquō, relīquī, relictum, relinquere	zurücklassen, verlassen
527	videor, vīsus sum, vidērī	scheinen, erscheinen
	nūdāre, ō	entblößen
	ventus, ī m.	Wind
530	augeō, auxī, auctum, augēre	vermehren; (pass.) größer werden
	enim	denn; nämlich, ja
	sustineō, sustinuī, sustinēre	aushalten, ertragen
531	iuvenis, is m. (Subst.)	Jüngling, junger Mann
	(Adj.)	jung
	moneō, monuī, monitum, monēre	(er)mahnen
532	vestīgium, ī n.	Spur; Fußsohle, Fuß
534	praeda, ae f.	Beute
	pēs, pedis m.	Fuß
	salūs, ūtis f.	Wohlergehen, Heil, Rettung
535	teneō, tenuī, tenēre	(fest)halten, haben
537	comprendō, comprendī, comprēnsum, comprendere	(er)fassen, ergreifen
538	ēripiō, ēripuī, ēreptum, ēripere	entreißen;
	(pass.)	sich entziehen, entkommen
	tangō, tetigī, tactum, tangere	berühren
	ōs, ōris n.	Mund, Maul; Gesicht

539	virgō, inis f.	Jungfrau; junge Frau
	spēs, eī f.	Hoffnung, Erwartung
	celer, eris, ere	schnell
	timor, ōris m.	Furcht
540	adiuvō, adiūvī, adiūtum, adiuvāre	helfen, unterstützen
541	negō, negāre	sagen, dass nicht; verweigern
543	vīs, vim, vī; Pl.: vīrēs, ium f.	Kraft; Gewalt
544	labor, ōris m.	Anstrengung, Mühe
	unda, ae f.	Wasser; Welle
545	ferō, tulī, lātum, ferre	tragen; bringen
	flūmen, inis n.	Strömung; Fluss
	nūmen, inis n.	(göttliche) Macht
546	nimium (Adv.)	(all)zu sehr
	mutō, mutāre	verändern, verwandeln
	perdō, perdidī, perditum, perdere	zugrunde richten, zerstören
548	vix (Adv.)	kaum
	precēs, um f.	Bitte, Gebet
	gravis, e	schwer, lastend
	occupō, occupāre	(ein)nehmen; über-, befallen
549	mollis, e	weich, zart
	cingō, cīnxī, cīnctum, cingere	umgürten, umgeben
	tenuis, e	dünn, fein, zart
550	crīnis, is m.	Haar
	crēscō, crēvī, crēscere (in m. Akk.)	wachsen, werden (zu)
552	remaneō, remānsī, remanēre	zurückbleiben
	ūnus, a, um	ein einziger, einzig, allein
554	sentiō, sēnsī, sēnsum, sentīre	(be)merken, wahrnehmen, fühlen
	adhūc (Adv.)	bis jetzt; noch (immer)
556	refugiō, refūgī, refugere (aliquid)	zurückweichen (vor)
557	coniūnx, iugis m./f.	Gatte; Gattin
558	arbor, boris, f.	Baum
560	dux, ducis m.	Führer
	adsum, adfuī, adesse (m. Dat.)	nahe sein; beistehen
	laetus, a, um	fröhlich, heiter
561	vōx, vōcis f.	Stimme
	vīsō, vīsī, vīsere	anschauen, betrachten; besuchen
562	fīdus, a, um	treu, zuverlässig
	custōs, ōdis m./f.	Wächter/In, Hüter/In
563	stō, stetī, stāre	stehen
	tueor, tuitus sum, tuērī	(be)schützen
564	caput, itis n.	Haupt, Kopf
	iuvenālis, e	jugendlich
565	gerō, gessī, gestum, gerere	tragen
	honor, ōris m.	Ehre; Schmuck, Zierde
566	agitō, agitāre	(be)treiben; bewegen

Lernvokabular „Europa“ (Met. II 836–875)

836	fateor, fassus sum, fatērī	bekennen, gestehen
837	fīdus, a, um	treu, zuverlässig
	ait	er, sie sagt(e)
	iussum, ī n.	Befehl, Auftrag
838	pellō, pepulī, pulsum, pellere	in Bewegung setzen; vertreiben
	mora, ae f.	Aufschub, Verzögerung
	celer, eris, ere	schnell, rasch, geschwind
840	nōmen, inis n.	Name
841	procul (Adv.)	in der Ferne, in die Ferne
842	lītus, oris n.	Strand, Meeresufer
	vertō, vertī, versum, vertere	wenden; lenken; umkehren
843	expellō, expulī, expulsum, expellere	hinaus-, wegtreiben
	mōns, montis m.	Berg, Gebirge
844	iubeō, iussī, iussum, iubēre	auftragen, befehlen
	petō, petīvī, petītum, petere	etw. anstreben; aufsuchen; verlangen
845	lūdō, lūsī, lūsum, lūdere	spielen; verspotten
	virgō, inis f.	Jungfrau, junge Frau
	soleō, solitum, solēre (m. Inf.)	pflegen, gewohnt sein
846	conveniō, convēnī, conventum, convenīre	zusammenkommen; zusammenpassen
	ūnus, a, um	ein einziger, einer
	sēdēs, is f.	Sitz; Stelle, Platz
	moror, morātus sum, morārī	verweilen, sich aufhalten
847	gravitās, ātis, f.	Schwere; Ernst, Würde
	relinquō, relīquī, relictum, relinquere	zurücklassen, verlassen, aufgeben
849	orbis, is m.	Kreis; Erdkreis
850	misceō, miscuī, mixtum, miscēre	(ver)mischen
852	color, ōris m.	Farbe
	vestīgium, ī n.	Spur; Schritt; Fuß
	dūrus, a, um	hart
853	pēs, pedis m.	Fuß
	solvō, solvī, solūtum, solvere	(auf)lösen, schmelzen
854	pendeō, pependī, pendēre	(herb)hängen
855	cornu, ūs n.	Horn
	quidem ... sed	zwar ... aber
	contendō, contendī, contentum,	
	contendere (m. Inf.)	sich anstrengen;
	(m. aci)	behaupten
856	manus, ūs f.	Hand; Schar
	pūrus, a, um	rein, klar, hell
857	frōns, frontis f.	Stirn
858	pāx, pācis f.	Friede, Ruhe
	vultus, ūs m.	Miene, Gesicht
	miror, mirātus sum, mirārī (quod)	bewundern; sich wundern (dass)

859	proelium, ī n.	Kampf, Gefecht
	minor, minātus sum, minārī	(an)drohen, bedrohen
860	metuō, metuī, metuere (m. Inf.)	(be)fürchten; sich scheuen
	contingō, contigī, contāctum, contingere	berühren
	prīmō (Adv.)	anfangs, anfänglich
861	adeō, adiī, adīre	(her)angehen, sich nähern
	ōs, ōris n.	Mund; Gesicht
862	gaudeō, gavīsus sum, gaudēre	froh sein, sich freuen
	veniō, vēnī, ventum, venīre	kommen
	voluptās, ātis f.	Lust; Wonne
863	vix (Adv.)	kaum, mit Mühe
	ceterī, ae, a	übrige
	differō, distulī, dīlātum, differre	auseinander bringen; auf-, verschieben
865	latus, eris n.	Seite; Körper
	dēponō, dēposuī, dēpositum, dēponere	ablegen, niederlegen
866	metus, ūs m.	Furcht
868	audeō, ausus sum, audēre (m. Inf.)	wagen, den Mut haben (etw. zu tun)
	rēgius, a, um	königlich
869	tergum, ī n.	Rücken
	cōnsīdō, cōnsēdī, cōnsessum, cōnsidere	sich niederlassen, sich setzen
871	falsus, a, um	falsch; trügerisch
	ponō, posuī, positum, ponere	setzen, legen, stellen
872	inde	von da (aus), von dort
	abeō, abiī, abitum, abīre	weggehen, sich entfernen
	ulterius (Adv.)	weiter, mehr
873	praeda, ae f.	Beute
	auferō, abstulī, ablātum, auferre	wegtragen, entführen
874	teneō, tenuī, tenēre	(fest)halten; haben
875	inponō, inposuī, inpositum, inponere	auflegen, -setzen, -stellen
	vestis, is f.	Gewand; Kleidung

Lernvokabular „Pyramus und Thisbe" (Met. IV 55–166)

55	iuvenis, is m.	Jüngling, junger Mann
	pulcher, chra, chrum	schön, vortrefflich
	alter, era, erum	der eine/der andere (von beiden)
57	teneō, tenuī, tenēre	halten; haben
	domus, us f.	Haus
	dīcor, dīcī (m. nci)	sollen
58	cingō, cīnxī, cīnctum, cingere	einschließen, umgeben
	urbs, urbis f.	Stadt

59	gradus, ūs m.	Schritt
60	crēscō, crēvī, crēscere	wachsen
62	capiō, cēpī, captum, capere	(er)fassen; einnehmen; rauben
	mēns, mentis f.	Verstand, Geist
63	cōnscius, ī m.	Mitwisser
	sīgnum, ī n	Zeichen
	loquor, locūtus sum, loquī	sprechen
64	quō (m. Komp.) ... eō (m. Komp.)	je ... desto
	tegō, tēxī, tēctum, tegere	(be)decken, verbergen
65	tenuis, e	zart, dünn, fein
	ōlim (Adv.)	einst
66	fīō, factum, fierī (Pass. von facere)	werden; geschehen; gemacht werden
	uterque, utraque, utrumque	jeder von beiden, beide
67	vitium, ī n.	Fehler
	saeculum, ī n.	Jahrhundert
68	sentiō, sēnsī, sēnsum, sentīre	wahrnehmen, fühlen
69	vōx, vōcis f.	Stimme
	iter, itineris n.	Weg; Reise
	tūtus, a, um	sicher, gefahrlos
70	trānseō, trānsiī, trānsīre	hinübergehen
	soleō, solitus sum, solēre (m. Inf.)	pflegen, gewohnt sein
71	cōnsistō, cōnstitī, cōnsistere	sich aufstellen, sich wohin stellen
72	ōs, ōris n.	Mund; Gesicht
74	sinō, sīvī, situm, sinere (m. aci)	(zu)lassen, erlauben
	iungō, iūnxī, iūnctum, iungere	verbinden
75	nimius, a, um	zu groß, zu viel
	pateō, uī, patēre	offen stehen
76	ingrātus, a, um	undankbar
	dēbeō, dēbuī, dēbitum, dēbēre	schulden; verdanken; müssen
	fateor, fassus sum, fatērī	bekennen, gestehen
77	amīcus, a, um	freundschaftlich, befreundet
	auris, is f.	Ohr
78	tālis, e	solcher
	dīversus, a, um	verschieden, entgegengesetzt
	sēdēs, is f.	Sitz; Stelle, Platz
79	pars, partis f.	Teil; Seite
80	quisque, quaeque, quidque	jeder (einzelne)
81	posterus, a, um	folgend, nächster
	removeō, remōvī, remōtum, removēre	zurücktreiben, beseitigen
82	sōl, sōlis m.	Sonne
83	locus, ī m.	Ort, Platz, Stelle
84	queror, questus sum, querī	klagen, sich beklagen
	statuō, statuī, statūtum, statuere (ut)	sich vornehmen; beschließen, dass
85	fallō, fefellī, fallere	täuschen, überlisten
	custōs, ōdis m.	Wächter, Aufseher
	excēdō, excessī, excēdere	herausgehen, sich entfernen
	temptō, temptāre (m. Inf.)	versuchen

86	exeō, exiī, exīre	hinausgehen, verlassen
	tēctum, ī n.	Dach; Haus
	relinquō, relīquī, relictum, relinquere	hinter sich lassen, zurücklassen
88	conveniō, convēnī, convenīre	zusammenkommen, sich treffen
	umbra, ae f.	Schatten
89	arbor, arboris f.	Baum
91	placeō, placuī, placēre	gefallen
	lūx, lūcis f.	Licht; Tag(eslicht)
	discēdō, discessī, discēdere	weggehen, schwinden
	videor, vīsus sum, vidērī (m. Inf.)	scheinen
94	ēgredior, ēgressus sum, ēgredī	hinausgehen
95	sedeō, sēdī, sedēre	sitzen, sich setzen
96	audāx, audācis	kühn, mutig
	recēns, recentis	frisch
99	procul (Adv.)	von ferne
	lūna, ae f.	Mond
100	obscūrus, a, um	dunkel, finster
	timidus, a, um	furchtsam, ängstlich
	pēs, pedis f.	Fuß
	fugiō, fūgī, fugere	fliehen, davonlaufen
101	tergum, ī n.	Rücken
102	saevus, a, um	wild, schrecklich
	unda, ae f.	Wasser; Woge, Welle
103	silva, ae f.	Wald
	inveniō, invēnī, inventum, invenīre	auf etw. stoßen, finden
	forte (Adv.)	zufällig
104	ōs, ōris n.	Mund; Gesicht
105	sērō (Adv.)	spät; zu spät
	vestīgium, ī n.	Fußspur, Spur
106	certus, a, um	sicher, untrüglich
107	vērō	doch, aber
	vestis, is f.	Kleidung(sstück)
	sanguis, inis m.	Blut
108	reperiō, repperī, repertum, reperīre	wieder zum Vorschein bringen, finden
	perdō, perdidī, perditum, perdere	zugrunde richten
109	dīgnus, a, um (m. Abl.)	würdig, wert; der ... verdient
110	anima, ae f.	Atem, Seele, Leben
111	loca, ōrum n.	Gegend
	plēnus, a, um (m. Gen.)	voll (von)
112	prior, ius	Adj.: der frühere; Prädik.: früher
	hūc	hierher
114	habitō, habitāre	wohnen, sich aufhalten
115	optō, optāre	wünschen
116	tollō, sustulī, sublātum, tollere	heben, aufheben
117	nōtus, a, um	bekannt
	lacrima, ae f.	Träne
118	accipiō, accēpī, acceptum, accipere	annehmen, aufnehmen, empfangen

119	dēmittō, dēmsīsī, dēmissum, dēmittere	hinabschicken, senken; hineinstoßen
	ferrum, ī n.	Eisen; Schwert
120	mora, ae f.	Aufschub, Verzögerung
	morior, mortuus sum, morīrī	sterben
	vulnus, eris n.	Verletzung, Wunde
	trahō, trāxī, tractum, trahere	ziehen
121	iaceō, iacuī, iacēre	(danieder)liegen
	cruor, ōris m.	Blut
125	āter, ātra, ātrum	schwarz
126	vertō, vertī, versum, vertere	drehen, wenden
	vertor, versum, vertī (med.-passiv)	sich verwandeln, sich verändern
127	pendeō, pepēndī, pendēre	(herab)hängen
	color, ōris m.	Farbe
128	metus, ūs m.	Furcht
	nōndum	noch nicht
	dēpōnō, dēposuī, dēpositum, dēponere	ablegen
129	oculus, ī m.	Auge
	animus, ī m.	Geist; Seele, Herz; Mut
	requīro, requīsīvī, requīsītum, requirere	suchen, aufsuchen
130	quantus, a, um	wie groß, wie viel
	vītō, vītāre	aus dem Wege gehen; entrinnen
131	cōgnōscō, cōgnōvī, cōgnitum, cōgnōscere	erkennen, wahrnehmen
	forma, ae f.	Gestalt, Äußeres
132	incertus, a, um	unsicher, unschlüssig
133	dubitāre, ō	zweifeln; zögern
136	exiguus, a, um	klein, gering, schwach
	aura, ae f.	Windhauch, Lüftchen, Brise
138	clārus, a, um	laut, schallend; hell, klar
140	cruor, ōris m.	Blut, Blutvergießen
141	vultus, ūs m.	Miene; Gesicht, Antlitz
	fīgō, fīxī, fīxum, fīgere	heften, etw. drücken auf
142	cāsus, ūs m.	Fall; Vorfall, Unglück
	adimō, adēmī, adēmptum, adimere	wegnehmen, entreißen
143	respondeō, respondī, respōnsum, respondēre	antworten
	cārus, a, um	lieb, teuer
144	nominō, nomināre	(beim Namen) nennen
146	ērigō, ērēxī, ērēctum, ērigere	aufrichten, in die Höhe richten
148	vacuus, a, um (m. Abl.)	leer, frei, ohne
	manus, ūs f.	Hand
149	fortis, e	stark, mutig
150	vīrēs, ium f.	Macht, Kräfte
151	extinguō, extīnxī, extīnctum, extinguere	(aus)löschen; (pass.) umkommen
	miser, era, erum	elend, unglücklich
	dīcor, dictum, dīcī (Passiv von dīcere)	genannt werden, heißen
152	comes, itis m./f.	Begleiter/In, Gefährte/In
153	sōlus, a, um	allein, einzig, nur

155	multum (Adv.)	viel, sehr
	parentēs, um m.	Eltern
156	hōra, ae f.	Stunde
157	invideō, invīdī, invīsum, invidēre	(be)neiden, missgönnen
159	tegō, tēxī, tēctum, tegere	(be)decken
160	sīgnum, ī n.	Zeichen
	teneō, tenuī, tenēre	halten; haben; bewahren
	caedēs, is f.	Mord, Blutvergießen
	aptus, a, um	passend, angemessen
161	monimentum, ī n.	Erinnerungszeichen, Denkmal
164	vōtum, ī n.	Gelübde, Wunsch
	tangō, tetigī, tāctum, tangere	berühren; rühren
166	supersum, superfuī, superesse (m. Dat.)	übrig bleiben (von)

Lernvokabular „Latona und die lykischen Bauern" (Met. VI 313–381)

331	iuvenis, is m.	junger Mann, Jüngling
	nūmen, inis n.	(göttliche) Macht; Gottheit; Gott
	āra, ae f.	Altar
332	vocō, vocāre	rufen; nennen
	rēgius, a, um	königlich
	coniūnx, iugis m./f.	Gatte/In
333	orbis, is m.	Kreis; Erdkreis
	vix (Adv.)	kaum, mit Mühe
334	ōrō, ōrāre	bitten, ersuchen; beten
	accipiō, accēpī, acceptum, accipere	annehmen, aufnehmen
	levis, e	leicht; leichtsinnig; flüchtig
335	arbor, oris f.	Baum
336	ēdō, ēdidī, ēditum, ēdere	herausgeben; zur Welt bringen
	invītus, a, um	wider Willen
337	hinc	von hier
	fugiō, fūgī, fugere (m. Akk.)	fliehen (vor); (ver)meiden
339	sōl, solis m.	Sonne
	gravis, e	schwer, drückend
340	fīnēs, ium m.	Gebiet, Land
	labor, ōris m.	Anstrengung, Mühe
343	forte (Adv.)	zufällig
344	vallis, is f.	Tal
	legō, lēgī, lēctum, legere	(ein)sammeln; lesen
345	grātus, a, um	angenehm, willkommen
346	accēdō, accessī, accēdere	herantreten, -kommen, sich nähern

347	premō, pressī, pressum, premere	drücken; sich legen auf
348	turba, ae f.	Schar, Masse, Volk
349	prohibeō, prohibuī, prohibitum, prohibēre (m. Abl.)	fernhalten (von)
	ūsus, ūs m.	Gebrauch, Nutzung
	commūnis, e	gemeinsam, allgemein
351	tenuis, e	zart; fein; klar
	unda, ae f.	Woge, Welle; Wasser
	veniō, vēnī, venīre	kommen
352	tamen	dennoch, trotzdem
	supplex, supplicis	flehend, demütig
	petō, petīvī, petītum, petere	etw. anstreben; verlangen, bitten
353	hīc (Adv.)	hier
	parō, parāre (m. Inf.)	vorhaben, im Sinn haben
354	careō, caruī, carēre (m. Abl.)	(etw.) nicht haben, entbehren
	ōs, ōris n.	Mund; Gesicht
	loquor, locūtus sum, loquī	sprechen, reden
355	vōx, vōcis f.	Stimme, Laut, Wort
356	fateor, fassus sum, fatērī	bekennen, gestehen
357	simul	zugleich, gleichzeitig
358	moveō, mōvī, mōtum, movēre	bewegen; rühren; aufwühlen
	tendō, tetendī, tentum, tendere	spannen, ausstrecken
359	casū	zufällig
362	addō, addidī, additum, addere	dazugeben, hinzufügen
363	satis (indekl. Adj.)	genug, ausreichend
	pēs, pedis m.	Fuß
	manus, ūs f.	Hand
364	mollis, e	weich
365	hūc	hierhin
	illūc	dorthin
366	differō, distulī, dīlātum, differre	aufschieben; verschieden sein
	īra, ae f.	Zorn
	enim	denn, nämlich
367	sustineō, sustinuī, sustinēre (m. Inf.)	ertragen, aushalten
368	tollō, sustulī, sublātum, tollere	aufheben; in die Höhe heben, beseitigen
	sīdus, eris n.	Stern, Gestirn
369	aeternus, a, um	ewig, fortwährend
370	ēveniō, ēvēnī, ēvenīre	in Erfüllung gehen
	optō, optāre	wünschen
371	modo ... modo	bald (dies) ... bald (jenes)
372	caput, itis n.	Haupt, Kopf
373	rīpa, ae f.	Ufer
	cōnsistō, cōnstitī, cōnsistere	sich (wohin) stellen; stehen bleiben
374	turpis, e	hässlich; schändlich
375	exerceō, exercuī, exercitum, exercēre	(aus)üben, nicht ruhen lassen
	lingua, ae f.	Zunge, Rede, Sprache

	pellō, pepulī, pulsum, pellere	antreiben; vertreiben, verstoßen
	pudor, oris m.	Scham(gefühl), Anstand
376	temptāre, ō (m. Inf.)	versuchen
379	tergum, ī n.	Rücken
	tangō, tetigī, tactum, tangere	berühren; grenzen an
	videor, vīsus sum, vidērī (m. Inf.)	scheinen
380	pars, partis f.	Teil
381	novus, a, um	neu

Lernvokabular „Daedalus und Ikarus" (Met. VIII 183–235)

183	intereā (Adv.)	inzwischen, unterdessen
184	exilium, ī n.	Verbannung
	tangō, tetigī, tāctum, tangere	berühren
185	claudō, clausī, clausum, claudere	schließen, einschließen, umgeben
	unda, ae f.	Woge, Welle, Wasser
186	at	aber, jedoch, dagegen
	caelum, ī n.	Himmel
	pateō, patuī, patēre	offen stehen
187	possideō, possēdī, possessum, possidēre	besitzen
188	ignōtus, a, um	unbekannt, fremd
	ars, artis f.	Kunst, Kunstfertigkeit, Technik
189	ōrdō, inis m.	Reihe, Ordnung, Reihenfolge
190	coeptus, a, um	angefangen, begonnen
	brevis, e	kurz
	sequor, secūtus sum, sequī	folgen
191	crēscō, crēvī, crētum, crēscere	wachsen
	putō, putāre	meinen, glauben, halten für
192	surgō, surrēxī, surrēctum, surgere	sich erheben; an-, aufsteigen
193	medius, a, um	der mittlere; prädikativ: in der Mitte
194	conpōnō, conposuī, conpositum, conpōnere	zusammensetzen, -fügen
	flectō, flexī, flexum, flectere	biegen, krümmen
195	vērus, a, um	wahr, wirklich, echt
	imitor, imitātus sum, imitārī	nachahmen
	puer, ī m.	Knabe
196	īgnārus, a, um	unwissend, ahnungslos
	tractō, tractāre	handhaben, sich beschäftigen mit
	perīculum, ī n.	Gefahr
197	ōs, ōris n.	Mund, Gesicht
	modo ... modo	bald ... bald
	aura, ae f.	Luft, Lüftchen, Hauch
200	impediō, impedīre	behindern
	opus, eris n.	Werk, Arbeit
	manus, ūs f.	Hand

201	**impōnō, imposuī,** impositum, impōnere	auferlegen, anlegen
202	**pendeō, pependī,** pendēre	hängen, schweben
203	**īnstruō, īnstrūxī,** īnstrūctum, īnstruere	herstellen; unterweisen
204	**moneō, monuī,** monitum, monēre (m. ut)	ermahnen
205	**īgnis is m.**	Feuer, Hitze, Glut
206	**uterque, utraque,** utrumque	jeder von beiden, beide
	spectō, spectāre	betrachten, anschauen
207	**iubeō, iussī,** iussum, iubēre (m. aci)	auftragen, befehlen
208	**carpō, carpsī,** carptum, carpere	pflücken; zurücklegen
	dux, ducis m.	Führer
209	**praeceptum, ī n.**	Anweisung, Vorschrift
210	**trādō, trādidī,** traditum, trādere	übergeben, mitteilen
	īgnōtus, a, um	unbekannt, fremd
211	**patrius, a, um**	väterlich, heimisch
212	**repetō, repetīvī,** repetītum repetere	zurückverlangen, wiederholen
	levō, levāre	(empor)heben
213	**comes, itis m./f.**	Begleiter/In; Gefährte/In
	timeō, timuī, timēre (m. Dat.)	fürchten (um)
	velut	wie, gleichwie
	altus, a, um	hoch, tief
214	**prōdūcō, prōdūxī,** prōductum, prōdūcere	(wohin) führen; hervorbringen
215	**hortor, hortātus sum,** hortārī	ermuntern, auffordern
	sequor, secūtus sum, sequī	folgen
223	**audāx, ācis**	waghalsig, tollkühn
	coepī, coepisse	angefangen, begonnen haben
	gaudeō, gāvīsus sum, gaudēre (m. Abl.)	sich freuen (über)
224	**dēserō, dēseruī,** dēsertum, dēserere	verlassen, im Stich lassen
	cupīdō, inis f.	Verlangen, Begierde
	trahō, trāxī, tractum, trahere	ziehen; verleiten, hinreißen
225	**sōl, sōlis m.**	Sonne
226	**vinculum, ī n.**	Band, Fessel, Bindemittel
227	**nūdus, a, um**	nackt, entblößt
228	**careō, caruī, carēre** (m. Abl.)	nicht haben, entbehren, frei sein (von)
229	**clāmō, clāmāre**	schreien
230	**excipiō, excēpī,** exceptum, excipere	aufnehmen
232	**regiō, ōnis f.**	Richtung, Gegend
	requīro, requīsīvī, requīsītum, requīrere	suchen, nachforschen
233	**aspiciō, aspexī,** aspectum, aspicere	erblicken
234	**corpus, oris n.**	Körper; Leichnam
235	**condō, condidī,** conditum, condere	gründen; verwahren, bestatten
	tellūs, ūris f.	Erde, Land
	sepeliō, sepelīvī, sepultum, sepelīre	zu Grabe tragen, bestatten

Lernvokabular „Philemon und Baucis" (Met. VIII 611–724)

611	amnis, is m.	Fluss, Strom
	taceō, tacuī, tacēre	schweigen
	factum, ī n.	Tat, Tatsache, Ereignis
612	moveō, mōvī, mōtum, movēre	bewegen
	crēdō, crēdidī, crēditum, crēdere	vertrauen, glauben
613	mēns, mentis f.	Verstand; Sinn, Gesinnung
	ferōx, ōcis	wild; trotzig
614	fingō, fīnxī, fictum, fingere	gestalten; sich vorstellen, erlügen
	referō, re(t)tulī, relātum, referre	zurücktragen; berichten
	nimium (Adv.)	(all)zu sehr
	putō, putāre	meinen, glauben; halten für
615	adimō, adēmī, ademptum, adimere	(weg)nehmen
616	tālis, e	derartig, solch
	probō, probāre	prüfen; billigen, gutheißen
617	animus, ī m.	Geist, Seele, Mut
	mātūrus, a, um (m. Abl.)	reif (an)
618	fīnis, is m.	Grenze, Ende; Ziel, Zweck
619	quicquid	alles, was
620	dubitō, dubitāre	(be)zweifeln
621	collis, is m.	Anhöhe, Hügel
	modicus, a, um	maßvoll, bescheiden
	circumdō, circumdedī, circumdatum, circumdare	umgeben
622	nam	denn, nämlich
623	mittō, mīsī, missum, mittere	schicken
	rēgnō, rēgnāre	König sein, (be)herrschen
624	haud	nicht
	procul (Adv.)	fern, weit
	hinc	von hier
	tellūs, ūris f.	Erde, Land; (Fuß-)Boden
	ōlim (Adv.)	einmal, einst
625	unda, ae f.	Gewässer; Woge, Welle
626	hūc	hierhin
	speciēs, ēī f.	Aussehen, Gestalt
	mortālis, e	sterblich; menschlich
628	domus, ūs f. (Akk. Pl.: -ōs)	Haus
	adēō, adiī, adīre	gehen zu, besuchen
	petō, petīvī, petītum, petere	etw. anstreben; suchen; bitten
629	claudō, clausī, clausum, claudere	(ver)schließen, versperren
	ūnus, a, um	ein einziger
	recipiō, recēpī, receptum, recipere	aufnehmen
630	quidem ... sed	zwar ... aber
	tegō, tēxī, tēctum, tegere	decken, bedecken

631	aetās, ātis f.	Alter, Lebensalter
632	iungō, iūnxī, iūnctum, iungere	verbinden; vermählen
633	fateor, fassus sum, fatērī	bekennen, gestehen
634	efficiō, effēcī, effectum, efficere	hervorbringen, bewirken, machen zu
	levis, e	leicht, unbedeutend
	inīquus, a, um	uneben; unwillig, erbittert
635	requirō, requīsīvī, requīsītum, requīrere	suchen, fragen (nach)
636	īdem, eadem, idem	derselbe; zugleich auch
	pāreō, pāruī, pārēre	gehorchen
	iubeō, iussī, iussum, iubēre	befehlen
679	intereā (Adv.)	inzwischen, unterdessen
680	sponte suā	von selbst
681	manus, ūs f.	Hand; Schar
682	timidus, a, um	furchtsam, ängstlich
683	ōrō, ōrāre	bitten, beten
684	custōdia, ae f.	Wache, Bewachung
	vīlla, ae f.	(Land-)Haus
685	hospes, itis m.	Gastfreund; Gast
	parō, parāre (m. Inf.)	vorhaben, im Sinn haben
686	celer, eris, e	schnell, flink
	tardus, a, um	langsam
687	tandem (Adv.)	zuletzt, schließlich
	videor, vīsus sum, vidērī (m. Inf.)	scheinen
688	necō, necāre	töten
689	mereō, meruī, meritum, merēre	verdienen
691	malum, ī n.	Übel, Unheil, Leid
	modo (Adv.)	soeben; sogleich
	relinquō, relīquī, relictum, relinquere	zurücklassen, verlassen
	tēctum, ī n.	Dach; Haus
692	gradus, ūs m.	Schritt, Stufe, Rang
	mōns, montis m.	Berg
693	simul (Adv.)	zugleich, gleichzeitig
694	nītor, nīsus sum, nītī	sich stützen auf; sich anstrengen
695	tantum ... quantum	so viel, weit ... wie (viel, weit)
	absum, āfuī, abesse	abwesend, entfernt sein
696	flectō, flexī, flexum, flectere	biegen; drehen, umwenden
697	tantum (Adv.)	nur
	maneō, mānsī, manēre	bleiben
698	mīror, mīrātus sum, mīrārī	sich wundern (über), bewundern
	fātum, ī n.	Götterspruch, Schicksal
699	vetus, veteris	alt
700	vertō, vertī, versum, vertere	drehen, wenden
	vertor, versum, vertī (med.-pass.)	sich verwandeln
703	tālis, e	derartig; folgend
	placidus, a, um	sanft, friedlich
	ēdō, ēdidī, ēditum, ēdere	herausgeben; vollbringen; sagen
	ōs, ōris n.	Mund; Gesicht; Stimme

704	iūstus, a, um	gerecht, rechtschaffen
	senex, senis m./f.	Greis(in); Adj.: alt, greis
	coniū(n)x, iugis m./f.	Gatte/In
705	dīgnus, a, um (m. Abl.)	(einer Person, einer Sache) würdig, wert
	optō, optāre	wünschen
	loquor, locūtus sum, loquī	sprechen, reden
706	iūdicium, ī n.	Urteil, Entscheidung, Beschluss
	aperiō, aperuī, apertum, aperīre	öffnen; offenbaren, mitteilen
707	sacerdōs, dōtis m./f.	Priester
	tueor, tuērī	betrachten; schützen, hüten
709	auferō, abstulī, ablātum, auferre	wegbringen, -nehmen, rauben
	hōra, ae f.	Stunde
711	vōtum, ī n.	Wunsch
	fidēs, eī f.	Vertrauen, Treue, Erfüllung
	sequor, secūtus sum, sequī	folgen
712	solvō, solvī, solūtum, solvere	(auf)lösen; schwächen
713	sacer, cra, crum	geweiht, heilig
	forte (Adv.)	zufällig
714	nārrō, nārrāre	erzählen
	cāsus, ūs m.	Fall, Zufall, Begebenheit
715	cōnspiciō, cōnspexī, cōnspectum, cōnspicere	erblicken
716	crēscō, crēvī, crēscere	wachsen
	vultus, ūs m.	Miene, Gesicht
717	licet, licuit, licēre	es ist erlaubt, es steht frei
718	tegō, tēxī, tēctum, tegere	decken, bedecken
719	ostendō, ostendī, ostendere	zeigen
	adhūc (Adv.)	bis jetzt, bis heute, noch immer
721	fallō, fefellī, fallere	täuschen, hintergehen
722	equidem	ich (für meine Person)
	pendeō, pepēndī, pendēre	hängen
723	recēns, entis	frisch, jung
724	cūra, ae f.	Sorge, Fürsorge
	colō, coluī, cultum, colere	bebauen, pflegen, verehren

Lernvokabular „Orpheus und Eurydike" (Met. X 1–77)

1	inde	von dort
2	ōra, ae f.	Küste
3	tendō, tetendī, tentum, tendere	spannen; gehen, sich begeben nach
	vōx, vōcis f.	Stimme
4	quidem … sēd	zwar … aber

5	laetus, a, um	fröhlich, heiter
	vultus, ūs m.	Miene, Gesicht
	fēlīx, īcis	erfolgreich, Glück bringend
	afferō, attullī, allātum, afferre	herbeitragen, mitbringen
6	teneō, tenuī, tenēre	halten; (inne)haben
7	inveniō, invēnī, inventum, invenīre	finden; bekommen
	īgnis, is m.	Feuer
8	exitus, ūs m.	Ausgang, Ende
	gravis, e	schwer; ernst; schlimm
9	turba, ae f.	Getümmel; Schar
10	dēns, dentis m.	Zahn
	recipiō, recēpī, receptum, recipere	aufnehmen
11	satis (Adv.)	genug, zur Genüge
	aura, ae f.	Hauch, Luft
12	temptō, temptāre	betasten; versuchen
	umbra, ae f.	Schatten
13	audeō, ausus sum, audēre (m. Inf.)	wagen, den Mut haben
	dēscendō, dēscendī, dēscendere	hinabsteigen
14	levis, e	leicht, schwerelos
	simulācrum, ī n.	(Ab-)Bild, Schemen
	fungor, fūnctus sum, fungī (m. Abl.)	erleiden; verrichten
15	adeō, adiī, aditum, adīre	gehen zu, sich bittend an jmd. wenden
	rēgnum, ī n.	Herrschaft, Reich
16	carmen, inis n.	Gedicht, Gesang, Lied
17	situs, a, um	gelegen, befindlich
	nūmen, inis n.	göttlicher Wille, Gottheit
18	mortālis, e	sterblich, menschlich
	creō, creāre	erschaffen, gebären
19	licet	es ist erlaubt
20	vērus, a, um	wahr, echt
	loquor, locūtus sum, loquī	sprechen, reden
	sinō, sīvī, situm, sinere (m. Inf./aci)	lassen, zulassen
	hūc (Adv.)	hierher
23	coniūnx, iugis m./f.	Gatte/In
	venēnum, ī n.	Gift
24	auferō, abstulī, ablātum, auferre	wegbringen, rauben
25	patior, passus sum, patī	zulassen; (er)dulden, aushalten
	negō, negāre	leugnen; sagen, dass nicht; verweigern
26	vincō, vīcī, victum, vincere	siegen; besiegen
	nōtus, a, um	bekannt
27	hīc (Adv.)	hier
	dubitō, dubitāre	zweifeln
28	fāma, ae f.	Sage, Gerücht, Ruf
	vetus, eris	alt, früher
	rapīna, ae f.	Raub
29	iungō, iūnxī, iūnctum, iungere	verbinden, vereinigen
	loca, ōrum, n.	Gegend

	plēnus, a, um (m. Gen.)	voll (von)
30	ingēns, entis	ungeheuer, gewaltig
32	moror, morātus sum, morārī	verweilen, sich aufhalten
33	sērus, a, um	spät
	sēdēs, is f.	Sitz, Wohnsitz, Stätte
	properō, properāre	eilen
34	domus, ūs f.	Haus, Aufenthalt, Heimat
35	genus, eris n.	Geschlecht, Art
36	mātūrus, a, um	reif (an Jahren)
37	mūnus, eris n.	Aufgabe; Geschenk, Gabe
	pōscō, popōscī, pōscere	verlangen, fordern
38	fātum, ī n.	Götterspruch, Schicksal
39	nōlō, nōluī, nōlle	nicht wollen
	gaudeō, gāvīsus sum, gaudēre (m. Abl.)	sich freuen (über)
40	tālis, e	derartig, so beschaffen
41	fleō, flēvī, flētum, flēre	weinen; beweinen, beklagen
	anima, ae f.	Atem; Seele
	unda, ae f.	Woge, Welle
42	orbis, is m.	Kreis, Rundung, Rad
43	carpō, carpsī, carptum, carpere	(zer)pflücken, abreißen; zurücklegen
44	sedeō, sēdī, sedēre	sitzen
	saxum, ī n.	Stein(-block), Fels
45	prīmum (Adv.)	zum ersten Mal, zuerst
	lacrima, ae f.	Träne
46	rēgius, a, um	königlich
47	sustineō, sustinuī, sustinēre (m. Inf.)	aushalten, ertragen
	ōrō, ōrāre	bitten; beten
	regō, rēxī, rēctum, regere	lenken, regieren, beherrschen
48	recēns, entis	neu, frisch
49	passus, ūs m.	Schritt
	tardus, a, um	langsam, träge
	vulnus, eris n.	Verletzung, Wunde
50	lex, lēgis f.	Bedingung, Gebot, Gesetz
	accipiō, accēpī, acceptum, accipere	annehmen; empfangen; wahrnehmen
51	flectō, flexī, flexum, flectere	biegen; drehen, wenden
	lūmen, inis n.	Licht; Auge, Blick
52	exeō, exiī, exīre	hinausgehen; verlassen
	dōnum, ī n.	Geschenk
54	obscūrus, a, um	dunkel, finster
55	procul (Adv.)	fern, weit
	absum, āfuī, abesse	fern sein, fehlen
56	dēficiō, dēfēcī, dēfectum, dēficere	ermatten, erlahmen
	metuō, metuī, metuere	fürchten, in Furcht sein
57	oculus, ī m.	Auge
58	intendō, intendī, intentum, intendere	(an)spannen; ausstrecken
	certō, certāre (m. Inf.)	sich bemühen
59	cēdō, cessī, cēdere	gehen; weichen

	aura, ae f.	Hauch; Luft
60	iterum (Adv.)	zum zweiten Mal, wiederum
	morior, mortuus sum, morī	sterben
61	queror, questus sum, querī	klagen, sich beklagen
62	auris, is f.	Ohr
64	aliter (Adv.)	anders
72	frūstrā (Adv.)	vergeblich, umsonst
	trānseō, trānsiī, trānsitum, trānsīre	(hin)übergehen
73	arceō, arcuī, arcēre	abwehren, abweisen
	tamen	dennoch
	diēs, diēī m.	Tag
74	rīpa, ae f.	Ufer
75	cūra, ae f.	Sorge, Pflege
	dolor, ōris m.	Schmerz, Qual
	animus, ī m.	Geist, Seele, Mut
76	crūdēlis, e	grausam, gefühllos, unbarmherzig
	altus, a, um	hoch, tief
77	recipiō, recēpī, receptum, recipere	zurücknehmen, -ziehen
	pellō, pepulī, pulsum, pellere	treiben, stoßen, schlagen

Lernvokabular „Pygmalion" (Met. X 243–297)

243	crīmen, inis n.	Beschuldigung; Verbrechen
244	offendō, offendī, offēnsum, offendere	anstoßen; beleidigen, abstoßen
	vitium, ī n.	Fehler, Laster
	mēns, mentis f.	Verstand, Gedanke, Gesinnung
245	coniū(n)x, iugis m./f.	Gatte/In
246	diū (Adv.)	lange Zeit
	careō, caruī, carēre (m. Abl.)	(jmd., etw.) nicht haben, vermissen
247	mīrus, a, um	erstaunlich, wunderbar
	fēlīx, īcis	erfolgreich, glücklich
	ars, artis f.	Kunst, Geschicklichkeit, Technik
248	forma, ae f.	Form, Gestalt, Schönheit
	nāscor, nātus sum, nāscī	geboren werden, entstehen
249	opus, operis n.	Arbeit, Werk
250	virgō, inis f.	Jungfrau, Mädchen, junge Frau
	vērus, a, um	wahr, wirklich, echt
251	moveō, mōvī, mōtum, movēre	bewegen
252	adeō (Adv.)	so sehr
	mīror, mīrātus sum, mīrārī	staunen; sich wundern über; bewundern
253	pectus, oris n.	Brust, Herz
	corpus, oris n.	Leib, Körper

254	manus, ūs f.	Hand; Schar
255	adhūc (Adv.)	bis jetzt, noch
	fateor, fassus sum, fatērī	bekennen, gestehen
256	reddō, reddidī, redditum, reddere	(zurück)geben, erwidern
	putō, putāre	meinen, glauben; halten für
	loquor, locūtus sum, loquī	sprechen, reden
	teneō, tenuī, tenēre	halten; besitzen; erhalten
257	crēdō, crēdidī, crēditum, crēdere	glauben; anvertrauen
	tangō, tetigī, tāctum, tangere	berühren
258	metuō, metuī, metuere	fürchten
	premō, pressī, pressum, premere	(zusammen)drücken, pressen
	veniō, vēnī, venīre	kommen
259	modo ... modo	bald ... bald
	adhibeō, adhibuī, adhibitum, adhibēre	verwenden, anwenden
	grātus, a, um	angenehm, willkommen, erwünscht
260	mūnus, eris n.	Aufgabe; Geschenk
261	mīlle (indecl.)	tausend
	color, ōris m.	Farbe
262	pingō, pīnxī, pictum, pingere	(be)malen
	arbor, oris f.	Baum
263	ornō, ornāre	schmücken
	vestis, is f.	Gewand, Kleidung
265	auris, is f.	Ohr
	levis, e	leicht
	pendeō, pependī, pendēre	(herab)hängen
266	nūdus, a, um	nackt, entblößt
	videor, vīsus sum, vidērī	scheinen, erscheinen
268	adpellō, adpellāre	ansprechen; nennen
269	mollis, e	weich, bequem
	sentiō, sēnsī, sēnsum, sentīre	fühlen, empfinden, merken
270	diēs, diēī m./f.	Tag
272	concidō, concidī, concidere	niederstürzen, zusammenbrechen
273	āra, ae f.	Altar
274	cōnsistō, cōnstitī, cōnsistere	sich wohin stellen, hintreten
	timidus, a, um	furchtsam, zaghaft, scheu
275	optō, optāre	wünschen
	audeō, ausus sum, audēre (m. Inf.)	wagen (etw. zu tun)
276	similis, e	ähnlich
277	adsum, adfuī, adesse	dabei, anwesend sein; beistehen
278	vōtum, ī n.	Gelübde, Wunsch
	amīcus, a, um	freundlich, wohlwollend
	nūmen, inis n.	göttlicher Wille, Macht; Gottheit
279	accendō, accendī, accēnsum, accendere	anzünden, entzünden
280	simulācrum, ī n.	Bildnis
	petō, petīvī, petītum, petere	etw. anstreben; zu jmd. gehen; bitten
282	ōs, ōris n.	Mund, Gesicht
	temptō, temptāre	betasten, befühlen

284	cēdō, cessī, cēdere	gehen, (zurück)weichen
	sōl, sōlis m.	Sonne
285	tractō, tractāre	behandeln
286	flectō, flexī, flexum, flectere	biegen; drehen, wenden
	ūtilis, e	brauchbar, nützlich
	ūsus, ūs m.	Gebrauch, Umgang, Nutzen
287	dubius, a, um	zweifelnd, ungewiss
	gaudeō, gāvīsus sum, gaudēre	sich freuen
	fallō, fefellī, fallere	täuschen
288	rūrsus (Adv.)	wieder, von neuem
290	tum (Adv.)	dann, darauf
291	tandem (Adv.)	endlich
292	falsus, a, um	falsch, unecht, nicht wirklich
294	caelum, ī n.	Himmel
297	nōmen, inis n.	Name

Lernvokabular „Midas" (Met. XI 85–145)

90	absum, āfuī, abesse	abwesend, fern sein, fehlen
	annus, ī m.	Jahr
91	capiō, cēpī, captum, capere	fassen, ergreifen; begreifen
92	rēx, rēgis m.	Leiter, König
	dūcō, dūxī, ductum, ducere	führen; ziehen; meinen
93	trādō, trādidī, trāditum, tradere	übergeben, überliefern
94	socius, ī m.	Gefährte; Bundesgenosse
	comes, itis m./f.	Begleiter/In; Anhänger/In
95	hospes, itis m.	Gast, Fremder; Wirt
	adventus, ūs m.	Ankunft
98	laetus, a, um	fröhlich, heiter
	agrī, ōrum m.	Gegend, Landschaft
99	iuvenis, is m.	Adj.: jung; Subst.: junger Mann
	reddō, didī, ditum, reddere	zurückgeben
101	gaudeō, gāvīsus sum, gaudēre (m. Abl.)	sich freuen (über)
	recipiō, recēpī, receptum, recipere	aufnehmen; wiederbekommen, -erhalten
102	ūtor, ūsus sum, ūtī (m. Abl.)	gebrauchen, benutzen
	dōnum, ī n.	Geschenk
	efficiō, effēcī, effectum, efficere	hervorbringen; bewirken
103	contingō, contigī, contāctum, contingere	berühren, anrühren
	vertō, vertī, versum, vertere	drehen, wenden; med.-pass.: sich verwandeln
	aurum, ī n.	Gold
104	noceō, nocuī, nocitum, nocēre	schaden, schädigen

105	melior, melius	besser
	petō, petīvī, petītum, petere	erstreben, erbitten, verlangen
106	abeō, abiī, abīre	weggehen
	malum, ī n.	Übel, Leid, Unglück
107	fidēs, eī f.	Treue, Glaubwürdigkeit, Vertrauen
	tangō, tetigī, tāctum, tangere	berühren
	singulī, ae, a	einzelne
	temptō, temptāre	betasten; versuchen, auf die Probe stellen
108	altus, a, um	hoch, tief
109	fīō, factum, fierī	werden; geschehen, gemacht werden
110	tollō, sustulī, sublātum, tollere	aufheben, hochheben
	saxum, ī n.	Fels, Stein
113	teneō, tenuī, tenēre	halten; besitzen
	arbor, oris f.	Baum
114	dōnō, dōnāre	geben, schenken
	putō, putāre	meinen, glauben; halten für
115	videor, vīsus sum, vidērī (m. Inf.)	scheinen
116	lavō, lāvī, lavātum, lavāre	waschen
	unda, ae f.	Woge, Welle; Wasser
117	fluō, flūxī, fluere	fließen, strömen
118	vix (Adv.)	kaum, mit Mühe, schwerlich
	spēs, eī f.	Hoffnung, Erwartung
	animus, ī m.	Geist, Seele, Mut
	fingō, fīnxī, fictum, fingere	gestalten; sich etw. ausdenken, vorstellen
119	pōnō, posuī, positum, pōnere	setzen, legen, (auf)stellen
120	egeō, eguī, egēre	bedürfen; Mangel haben, nicht haben
121	vērō	aber, doch
	sīve ... sīve	sei es, dass ... oder dass; (oder) wenn ... oder wenn
122	mūnus, eris n.	Leistung; Gabe, Geschenk
123	dēns, dentis m.	Zahn
	parō, parāre (m. Inf.)	etw. tun wollen, vorhaben
125	misceō, miscuī, mixtum, miscēre	(ver)mischen
	pūrus, a, um	rein, klar
	auctor, ōris m.	Urheber, Begründer
127	dīves, itis	reich
	miser, era, erum	unglücklich, elend; arm
128	effugiō, effūgī, effugere	entfliehen, entkommen
	optō, optāre	wünschen
	opēs, um f.	Macht; Reichtum
	modo (Adv.)	eben gerade
	ōdī, ōdisse	hassen
129	cōpia, ae f.	Fülle, Reichtum
130	meritō (Adv.)	verdientermaßen, zu Recht
131	caelum, ī n.	Himmel

	manus, ūs f.	Hand; Schar
132	peccō, peccāre	einen Fehler machen, sündigen
	ēripiō, ēripuī, ēreptum, ēripere	entreißen, losreißen
133	precor, precātus sum, precārī	bitten
134	fateor, fassus sum, fatērī	gestehen, eingestehen
136	maneō, mānsī, mānsum, manēre	bleiben, verbleiben
137	amnis, is m.	Strom, Fluss
138	iugum, ī n.	Joch, (Berg-)Rücken
	mōns, montis m.	Berg
139	flūmen, inis n.	Fluss
140	exeō, exiī, exīre	heraus-, hinausgehen
141	caput, itis n.	Kopf, Haupt
	simul (Adv.)	gleichzeitig, zugleich
	crīmen, inis n.	Beschuldigung; Vergehen, Schuld
142	iubeō, iussī, iussum, iubēre	verordnen, auftragen, befehlen
	vīs, vim, vī f.	Kraft, Gewalt
143	hūmānus, a, um	menschlich, des Menschen
	cēdō, cessī, cessum, cēdere	gehen, weichen; nachgeben

Lernvokabular „Apotheose des Aeneas" (Met. XIV 581–608)

581	virtūs, ūtis f.	Tüchtigkeit, Tapferkeit, Tugend
582	vetus, eris	alt
	cōgō, coēgī, coāctum, cōgere	zusammentreiben, sammeln; zwingen
	īra, ae f.	Zorn, Wut, Hass
583	crēscō, crēvī, crētum, crēscere	wachsen, aufwachsen
584	caelum, ī n.	Himmel
586	numquam	niemals
587	tempus, oris n.	Zeit
	dūrus, a, um	hart, gefühllos, grausam
	optō, optāre	wünschen, wählen
588	sanguis, inis m.	Blut
589	avus, ī m.	Großvater
	optimus, a, um	der beste
	nūmen, inis n.	göttliches Wesen, Göttlichkeit
590	dum modo (m. Konj.)	wenn nur, sofern nur
	satis	genug
	rēgnum, ī n.	Königsherrschaft, (König-)Reich
592	conīunx, iugis m./f.	Gatte/In
	rēgius, a, um	königlich, des Königs
	vultus, ūs m.	Miene, Gesichtsausdruck; Gesicht
593	teneō, tenuī, tenēre	halten; haben
	ōs, ōris n.	Mund; Gesicht, Antlitz

594	mūnus, eris n.	Leistung; Gabe, Geschenk
	dīgnus, a, um (m. Abl.)	würdig, wert
595	petō, petīvī, petītum, petere	anstreben; verlangen, bitten
	capiō, cēpī, captum, capere	fassen; ergreifen, nehmen
596	gaudeō, gāvīsus sum, gaudēre	sich freuen
600	iubeō, iussī, iussum, iubēre (m. aci)	befehlen, auftragen
	mors, mortis f.	Tod
603	mortālis, e	sterblich, irdisch
604	pars, partis f.	Teil
605	dīvīnus, a, um	göttlich
	corpus, oris n.	Leib, Körper
606	dulcis, e	süß, lieblich
	misceō, miscuī, mixtum, miscēre	(ver)mischen
607	contingere, contingō, contigī, contāctum	berühren, bestreichen
	turba, ae f.	Gedränge, Schar, Volk
608	āra, ae f.	Altar
	recipere, recipiō, recēpī, receptum	aufnehmen

Lernvokabular „Epilog" (Met. XV 871–879)

871	opus, eris n.	Arbeit; Werk
	exigō, exēgī, exāctum, exigere	zustande bringen, vollenden
	īra, ae f.	Zorn, Groll, Hass
	īgnis, is m.	Feuer, Brand
872	ferrum, ī n.	Eisen; Waffe
873	volō, voluī, velle	wollen
	diēs, ēī m./f.	Tag
874	incertus, a, um	ungewiss, unsicher
	spatium, iī n.	Zeitraum, Frist
875	pars, partis f.	Teil
	tamen	dennoch, trotzdem
	melior (ōris), ius	besser
	altus, a, um	hoch, tief
876	ferō, tulī, lātum, ferre	tragen, bringen; ertragen
	nōmen, inis n.	Name
877	pateō, patuī, patēre	offen stehen, sich erstrecken
	potentia, ae f.	Macht, Herrschaft
878	ōs, ōris n.	Mund, Gesicht
	legō, lēgī, lēctum, legere	sammeln, lesen
	populus, ī m.	Volk
	saeculum, ī n.	Zeitalter; Jahrhundert
	fāma, ae f.	Gerücht, Ruf, Ruhm
879	vērus, a, um	wahr, echt

Eigennamenverzeichnis

Achelōus, ī m. (VIII 611, 614)	Größter Fluss Griechenlands, der zwischen Ätolien und Acarnanien ins Ionische Meer fließt; wird auch als Flussgott verehrt.
Aenēās, ae m. (XIV 588, 600, 603)	Sohn des Anchises und der Venus, Vater des Ascanius oder Julius; nach seiner Flucht aus dem zerstörten Troja landete er in Italien und gründete ein neues Reich. Er gilt als Stammvater des julischen Geschlechts.
Aenēius, a, um (XIV 581)	aeneisch, des Aeneas
Aeolius, a, um (I 262)	aeolisch, Adj. zu Aeolus, dem Beherrscher der Winde
Agēnor, oris, m. (II 858)	König von Phönizien, Vater der Europa
Amor, ōris m. (I 480, 532, 540, 480, X 26)	Gott der Liebe, Sohn der Venus (siehe Cupido)
Aquilō, ōnis m. (I 262)	Nordwind, der die Regenwolken vertreibt
Apollō, inis m. (I 473)	Sohn Jupiters und der Latona, Zwillingsbruder der Diana, Gott der Weissagung, der Poesie und der Heilkunde, Vater des Orpheus; seine Waffe ist der Bogen.
Astraea, ae f. (I 150)	Göttin der Gerechtigkeit; als Sternbild ‚virgo'
Atlantiadēs, ae m. (VIII 627)	der Atlantiade. So wurde Merkur, der Götterbote, genannt, da er ein Enkel des Riesen Atlas war.
Augustus, a, um (I 562)	augusteisch; Augustus 63 v. Chr.–14 n. Chr.; Octavian wurde von seinem Großonkel C. Julius Caesar adoptiert und zum Erben eingesetzt. Im Jahre 27 v. Chr. verlieh ihm der Senat den Ehrentitel Augustus, der Erhabene, den fortan alle Kaiser führten.
Aurōra, ae (IV 81)	Göttin der Morgenröte
Avernus, a, um (X 51)	avernisch. Der bei Cumae in Kampanien liegende Averner See galt als ein Eingang zur Unterwelt
Babylōnia, ae (IV 99)	Babylonierin
Bacchus, ī (XI 85, 134)	Gott des Weines und des Rausches, Sohn Jupiters und der Semele
Bacchae, arum (XI 89)	Bacchantinnen, von ekstatischem Taumel befallene Dienerinnen des Bacchus
Baucis, idis f. (VIII 630, 640, 682, 705, 714)	Ehefrau Philemons
Bēlīdēs, um f. (X 44)	die Beliden. Gemeint sind die 50 Enkelinnen des Belus, Töchter des Danaus; sie ermordeten bis auf eine ihre Männer in der Hochzeitsnacht. Zur Strafe mussten sie Wasser in durchlöcherte Krüge schöpfen.
Berecyntius, a, um (XI 106)	berekyntisch; Adjektiv zu dem Berg Berecyntus in Phrygien, der Cybele, der Mutter des Midas, heilig war.

Boōtēs, is m. (VIII 206)	‚Ochsentreiber'; Sternbild in der Nähe des Großen Wagens
Calymnē, ēs f. (VIII 222)	Sporadeninsel, an der Westküste Kleinasiens gelegen
Capitōlium, ī (I 561)	Kapitol, einer der sieben Hügel Roms und dessen religiöses Zentrum. Das Kapitol galt als das Sinnbild der Größe und der Macht des römischen Staates.
Cecropius, a, um (XI 93)	kekropisch, athenisch; Adj. zu Kekrops, der der älteste König in Attika und der sagenhafte Gründer der Burg von Athen war.
Cereālis, e (XI 121 f.)	cerealisch; Adj. zu Ceres
Cerēs, Cereris f. (I 123; X 74; XI 112)	Göttin des Ackerbaus; Tochter des Saturnus und der Ops; Mutter der Proserpina
Chaos n. (X 30)	der leere und finstere Raum der Unterwelt
Chimaera, ae (VI 339)	Chimäre, ein Feuer speiendes Ungeheuer, das vorne als Löwe, in der Mitte als Ziege und hinten als Schlange dargestellt wurde.
Ciconēs, um m. (X 2)	Kikoner; Volk in Thrakien, der Heimat des Orpheus
Claros, ī f. (I 516)	Klaros, Stadt in Ionien mit Apollo-Orakel
Coeus, ī (VI 366)	Titan, Vater der Latona
Crētē, ēs f. (VIII 183)	Kreta, Insel im Mittelmeer
Cupīdō, inis m. (I 453)	Amor, Gott der Liebe; Sohn der Venus und des Mars; geflügelter Knabe, der mit Pfeil und Bogen Menschen und Götter ins Herz trifft und deren Liebe entzündet (siehe Amor).
Cyclōpēs, um m. (I 259)	Zyklopen; einäugige Riesen, Schmiedegesellen des Vulkanus
Cyprus, ī f. (X 270)	Zypern, Insel im Mittelmeer, mit bedeutender Kultstätte der Venus
Cytherēius, a, um (XIV 584)	cythereisch; Adj. zu Cythera, einer Insel südlich der Peloponnes, die der Venus heilig ist; Beiname der Venus
Daedalus, ī (VIII 183)	Athener Baumeister und Erfinder, Vater des Ikarus
Danaē, ēs f. (XI 117)	Tochter des Königs Acrisius; Jupiter zeugte mit ihr in Gestalt eines goldenen Regens den Perseus.
Daphnē, ēs f. (I 452)	Tochter des Flussgottes Peneus
Dēlius, a, um (I 454)	delisch (Adj.); Beiname des Apollo nach der Insel Delos, seinem Geburtsort
Dēlos, i f. (VI 333; VIII 221)	Kykladeninsel. Delos trieb der Sage nach auf dem Meer umher. Als sie trotz des Verbotes der Juno die heimatlose Latona aufnahm, erhielt sie von dem Meeresgott Neptun einen festen Platz.
Delphī, ōrum m. (I 515)	Delphi, Stadt am Fuß des Parnass, Sitz des apollinischen Orakels
Delphicus, a, um (I 515)	delphisch; Adjektiv zu Delphi

Diāna, ae f. (I 487)	Schwester des Apollo, Göttin der Jagd
Erebus, ī (X 76)	griech.: Finsternis; Unterwelt, Totenreich
Eumenidēs, um f. (X 46)	Eumeniden; Rachegöttinnen
Eumolpus, ī (XI 93)	Thrakischer Sänger, Schüler des Orpheus, stiftete in Eleusis, einer Stadt in Attika, die eleusinischen Mysterien
Eurōpa, ae f. (II 844, 858)	Tochter des phönizischen Königs Agenor
Eurydicē, ēs f. (X 31, 48)	Gattin des Orpheus
Faunus, ī (VI 329)	Feld- und Waldgott
Gallicus, a, um (I 533)	gallisch
Haemus, ī (X 77)	Haemusgebirge im nördlichen Thrakien
Hēliadēs, um f. (X 263)	Heliaden, Töchter des Sonnengottes Helios; sie beweinten den Tod ihres Bruders Phaeton und wurden in Schwarzpappeln, ihre Tränen in Bernstein verwandelt.
Helicē, ēs f. (VIII 207)	‚Großer Bär'; Sternbild
Hesperidēs, um f. (XI 114)	Hesperiden, Töchter des Atlas; sie bewachten im Garten der Götter mit dem Drachen Ladon die goldenen Äpfel, die Gaia der Hera zur Vermählung mit Zeus geschenkt hatte.
Hymen(aeus) m. (I 480; X 2)	Hochzeitsgott
Hymēttius, a, um (X 284)	hymettisch; Adj. zu Hymettos, einem Gebirge in Attika südöstlich von Athen, berühmt für seinen Honig
Īcarus, ī (VIII 195, 204, 231 ff.)	Sohn des Daedalus
Īdē, ēs f. (X 71)	Ida, Gebirge in Phrygien, nahe bei Troja
Indiges, etis m.	Name des Aeneas als Gott
Īris, idis f. (I 271)	Iris, die Göttin des Regenbogens und Botin der Juno
Iūlus, ī (XIV 583)	Beiname des Ascanius, Sohn des Aeneas; das römische Kaiserhaus der Julier führte ihre Abstammung über Ascanius auf Aeneas und Aphrodite (Venus) zurück.
Iūnō, ōnis f. (I 270; VI 337; XIV 582)	Juno; Schwester und Gattin Jupiters; Gegnerin des Aeneas
Iūp(p)iter, Iōvis m. (I 106, 274, 517, XV 871)	Jupiter (griech. Zeus), Sohn des Saturn und der Rhea; Gemahl der Juno, Herrscher über Götter und Menschen
Ixīōn, onis m. (VIII 613; X 42)	Lapithenkönig in Thessalien, Vater des Pirithous; da er Juno zu verführen suchte, wurde er zur Strafe in der Unterwelt an ein sich ständig drehendes Rad gefesselt.
Latius, a, um (I 560)	latinisch; Adj. zu Latium, einer Landschaft in Mittelitalien, Stammland der Römer
Lātōna, ae (VI 313, 315, 336, 346, 366)	Tochter des Titanen Coeus, gebar dem Jupiter auf der Insel Delos die Zwillinge Apollo und Diana.
Laurēns, entis (XIV 598)	laurentisch; Adj. zur Stadt Laurentum in Latium

Lebinthos, ī f. (VIII 222)	Sporadeninsel, nördlich von Kos an der Küste Kleinasiens gelegen
Lelex (VIII 617)	Gefährte des Theseus
Lēnaeus, a, um (XI 132)	lenäisch (Adj.); griech. Wort für ‚Weinpresse'; Beiname des Bacchus
Lethaea, ae (X 70)	Sie rühmte sich allzu sehr ihrer Schönheit und wurde dafür mit ihrem Mann Olenos im Ida-Gebirge in Stein verwandelt.
Līber, erī (XI 105)	altitalischer Gott, mit Bacchus gleichgesetzt
Lūcifer, erī (XI 98)	Morgenstern, Sohn der Aurora
Lycia, ae (VI 318)	Lykien, eine Landschaft im Südwesten Kleinasiens
Lydus, a, um (XI 98)	lydisch; Adj. zu Lydien, einer Landschaft an der Westküste Kleinasiens
Medūsaeus, a, um (X 22)	medusäisch; Adj. zu Medūsa, einer der drei Gorgonen, deren Anblick jeden, der sie sah, zu Stein erstarren ließ
Midās, ae m. (XI 92)	König von Phrygien
Mīnōs, ōis m. (VIII 188)	König von Kreta, Sohn Jupiters und der Europa, Gemahl der Pasiphaë, Vater des Androgeos und der Ariadne
Nāiadēs, um f. (VI 329; X 9)	Najaden, Wassernymphen; zu ihnen zählte u. a. Eurydike.
Neptūnus, ī m. (I 275)	Neptun, Bruder Jupiters und Plutos, Gott des Meeres und der Gewässer. Der Dreizack ist sein Attribut.
Nēreidēs, um f. (I 302)	Nereiden; Meernymphen, Töchter des Nereus und der Doris
Ninus, ī (IV 88)	König von Assyrien und Gründer der Stadt Ninive, Gemahl der Semiramis
Notus, ī m. (I 264)	Südwind, der Regen bringt
Numīcius, ī (XIV 599)	Küstenfluss in Latium, der bei Ardea ins Meer mündet
Ōlenos, ī m. (X 69)	Gemahl der Lethaea; mit dieser im Ida-Gebirge in Stein verwandelt
Orīon, onis m. (VIII 207)	Sternbild des nördlichen Himmels; Orion hat eigentlich die Form einer Keule, nach Ovid die eines gezückten Schwertes.
Orphēus, a, um (X 3)	orphisch; Adj. zu Orpheus
Orpheus, eī m. (X 50, 64; XI 92)	Sohn Apollos und der Muse Kalliope, Gemahl der Eurydike, berühmter Sänger aus Thrakien
Pactōlus, ī (XI 87)	Gold führender Fluss in Lydien
Paeān, ānis m. (I 566)	griech. Wort für ‚Heilgott'; Beiname des Apollo
Pallas, adis f. (VI 335)	Beiname der Göttin Athene (röm. Minerva); ihr ist der Ölbaum (arbor Palladis) heilig, den sie in Attika wachsen ließ.
Paphius, a, um (X 290)	paphisch; Adj. zu Paphos
Paphos, ī f. (X 297)	Tochter des Pygmalion und Name des berühmten Venustempels auf Zypern

Parnāsus, ī (I 467)	Parnass; Apollo und den Musen heiliger Berg bei Delphi
Paros, ī f. (VIII 221)	Kykladeninsel
Patara, ōrum n. (I 516)	Stadt in Lykien mit Apollo-Kult
Patarēus, a, um (I 516)	patareisch; Adj. zu Patara
Pelopēius, a, um (VIII 622)	pelopeisch; Adjektiv zu Pelops, Sohn des Tantalus; er war König in Phrygien, bevor er nach der von ihm benannten Peloponnes kam.
Pēnēus, ī m. (I 452, 472, 504, 525, 544)	Hauptfluss Thessaliens, Vater der Daphne
Persephonē, ēs f. (X 15)	Göttin der Unterwelt, Gattin des Pluto
Philēmōn, ōnis m. (VIII 631, 682, 706, 714)	Ehemann der Baucis
Phoebē, ēs f. (I 476)	Diana, Schwester des Apollo, Göttin der Jagd
Phoebus, ī m. (I 452, 463, 490, 553)	griech. Wort für ‚der Strahlende'; Beiname des Gottes Apollo
Phrygius, a, um (VIII 621)	phrygisch; Phrygien ist eine Gegend im westlichen Kleinasien.
Phryx, gis (XI 91)	phrygisch
Pīrithous, ī m. (VIII 613)	Lapithenkönig, Sohn des Ixion, Freund des Theseus und Teilnehmer an der Kalydonischen Jagd
Pittheus, eī (VIII 622)	Pittheus, Sohn des Pelops und Herrscher von Troezen, einer Stadt an der Ostküste von Argolis
Pygmaliōn, ōnis m. (X 243, 253, 276)	Bildhauer auf Zypern, der sich in eine von ihm geschaffene weibliche Elfenbeinstatue verliebte.
Pyramus, ī (IV 55)	Babylonier, Geliebter der Thisbe
Quirīnus, ī (XIV 607)	altitalischer Gott, später mit Romulus gleichgesetzt
Rhodopē, ēs f. (X 77)	Rhodope-Gebirge in Thrakien, der Heimat des Orpheus
Rhodopēïus, a, um (X 11)	rhodopeisch; Adj. zu Rhodopē
Rōmānus, a, um (XV 877)	römisch
Samos, ī f. (VIII 221)	Insel im Ikarischen Meer an der ionischen Küste mit berühmtem Junotempel
Sardēs, ium f. (XI 137)	Hauptstadt von Lydien
Sāturnius, ī m. (VIII 703)	Jupiter, der Sohn Saturns
Sāturnus, ī m. (I 113)	Saturnus, griech.: Kronos; Vater Jupiters, Neptuns, Plutos und der Juno; Gott des goldenen Zeitalters, der von seinem Sohn Jupiter gestürzt wurde.
Satyrī, ōrum (XI 89)	Satyrn; ausgelassene und lüsterne Begleiter des Bacchus, oft in bockähnlicher Gestalt dargestellt
Semīramis, idis f. (IV 58)	Legendäre Königin Babylons, Gattin des Ninus; ihre hängenden Gärten gelten als eines der sieben Weltwunder.
Sīdōn, ōnis f. (II 840; X 267)	Sidon, älteste Stadt Phönikiens, Heimat der Europa. Sidon war auch bekannt für Purpur.
Sīlēnus, ī (XI 90, 99)	Erzieher des Bacchus; er huldigte ausgiebigem Weingenuss und wurde oft glatzköpfig, dickbäu-

	chig, stumpfnasig und auf einem Esel reitend dargestellt.
Sīsyphus, ī (X 44)	Sohn des Aeolus, König von Korinth; er büßte für seine Schlauheit und List gegenüber den Göttern, indem er in der Unterwelt einen Felsblock einen Berg hinaufwälzen musste, der jeweils kurz vor dem Gipfel wieder zurückrollte.
Stygius, a, um (XIV 591)	stygisch; Adj. zu Styx
Styx, Stygis f. (I 139; X 13)	Fluss der Unterwelt; synecd. Unterwelt
Taenarius, a, um (X 13)	taenarisch; Adj. zu Taenarum, Vorgebirge und Stadt in Lakonien mit einer Höhle, die als ein Eingang zur Unterwelt galt
Tantalus, ī m. (X 41)	Sohn des Zeus, Vater von Pelops und Niobe; als Gast an der Tafel der olympischen Götter beging er zahlreiche Freveltaten. Als Verstoßener musste er in der Unterwelt ewigen Durst und Hunger leiden, obwohl er bis zum Kinn im Wasser stand und über ihm Früchte an den Bäumen hingen.
Tartarus, ī m. und -a, ōrum n. (I 113; X 21)	Unterwelt, Totenreich
Tenedos, ī f. (I 516)	Insel an der Küste vor Troja mit Apollo-Kult
Thisbē, ēs f. (IV 55)	Babylonierin, Geliebte des Pyramus
Thrācius, a, um (XI 92)	thrakisch (Adj.); Thrakien, Gegend nördlich von Makedonien, war z. B. die Heimat des Orpheus.
Thynēïus, a, um (VIII 719)	thyneisch; Adj. zu Thynos, dem Stammvater der am Bosporus wohnenden, später mit den Bithynern verschmolzenen Thyni (vgl. Catull c. 31)
T(i)mōlus, ī (XI 86)	Berg im kleinasiatischen Lydien
Tityos, ī m. (X 43)	Riese, Sohn der Erde; er wollte Latona entführen und büßte in der Unterwelt, indem ihm ein Geierpaar die immer nachwachsende Leber abfraß.
Tyrius, a, um (II 845)	tyrisch; Adj. zu Tyros, Stadt in Phönizien
Venus, eris f. (I 463; X 270, 277; XIX 585, 603)	Göttin der Schönheit und der Liebe, Gemahlin des Schmiedegottes Vulkan; durch Mars wurde sie Mutter des Cupīdo (Amor), durch Anchises die des Aeneas.

Literaturverzeichnis

1. Textausgaben und Kommentare

P. Ovidii Nasonis Metamorphoses. Ed. W. S. Anderson. Leipzig 1977

P. Ovidii Nasonis Metamorphoseon Libri I-XV. Textus et Commentarius. B. A. Van Proosdij, Leiden 1975

P. Ovidius Naso, Metamorphosen, Lateinisch/Deutsch, übers. und hg. von M. v. Albrecht, Stuttgart 1994

P. Ovidius Naso, Metamorphosen, hg. und erkl. von M. Haupt u. R. Ehwald, korr. und bibliographisch erg. von M. v. Albrecht; Erster Bd.: Buch I-VII, 10. Aufl.; Zweiter Bd.: Buch VIII-XV, 5. Aufl. Zürich/Dublin 1966

F. Bömer, P. Ovidius Naso, Metamorphosen, Kommentar; Buch I-III, Heidelberg 1969; Buch IV-V, 1976; Buch VI-VII, Buch VIII-IX, 1977; Buch X-XI, 1980; Buch XII-XIII, 1982; Buch XIV-XV, 1986

2. Sekundärliteratur

M. v. Albrecht, Interpretationen und Unterrichtsvorschläge zu Ovids ‚Metamorphosen', Göttingen 1990

M. v. Albrecht, Zur Funktion der Tempora in Ovids elegischer Erzählung (fast. V 379-414), in: Michael von Albrecht, Ernst Zinn (Hg.), Ovid, Darmstadt 1968 (Wege der Forschung 92), S. 451-470

E. Blattner, Holzschnittfolgen zu den Metamorphosen des Ovid: Venedig 1497 und Mainz 1545, München 1998

R. Clade, Menschlicher Wille und göttliche Ordnung, in: AU 22,3 (1979), S. 39-56

Gian Biagio Conte, Die Literatur der Augusteischen Zeit, in: Fritz Graf (Hg.), Einleitung in die lateinische Philologie, Stuttgart und Leipzig 1997, S. 192-227

H. Dörrie, Wandlung und Dauer. Ovids „Metamorphosen" und Poseidonios' Lehre von der Substanz, in: AU 4/2 (1959), S. 95-116

M. Giebel, Ovid, Rowohlt-Monographie, Hamburg 1997 (3. Auflage)

E. Frenzel, Stoffe der Weltliteratur, Stuttgart 1998 (9. Auflage)

M. Fuhrmann, Das Hauptbuch der wahren Mythen, Frankfurter Allgemeine Zeitung vom 5. Dezember 1989, Nr. 282, Seite L 6

B. Hebel, Vidit et obstipuit. Ein Interpretationsversuch zu Daedalus und Ikarus in Text und Bild, in: AU 15/1 (1972), S. 87-110

P. Hohnen, Ovid als Anfangslektüre?, in: AU 25/4 (1982), S. 36-52

N. Holzberg, Ovid: Dichter und Werk, München 1997

N. Holzberg, Apolls erste Liebe und die Folgen, in: Gymnasium 106 (1999), S. 317-334

W. Hunger, Lexikon der griechischen und römischen Mythologie, Hamburg 1974 (6. Auflage)

Walther Kraus, Ovidius Naso, in: Michael von Albrecht, Ernst Zinn (Hg.), Ovid, Darmstadt 1968 (Wege der Forschung 92), S. 67-166

F. Maier, Europa, Ikarus, Orpheus, Lehrerkommentar, Bamberg 1998

E. Merwald, Der Unsterblichkeitsgedanke bei Horaz und Ovid, Frankfurt an der Oder 1998

P. Mommsen, Philosophische Propädeutik an den „Metamorphosen" des Ovid, in: AU 1/28 (1985), S. 27-41

E. M. Moormann, W. Uiterhoeve, Lexikon der Antiken Gestalten, Stuttgart 1995

G. Neumann, Pygmalion. Metamorphosen des Mythos, in: Mathias Mayer / Gerhard Neumann (Hg.), Pygmalion. Die Geschichte des Mythos in der abendländischen Kultur, Freiburg 1997, S. 11-60

R. A. Prochaska, Pygmalion oder Die Sinnlichkeit des Intellekts, in: Gymnasium 102 (1995), S. 413-452

U. Reinhardt, Griechische Mythen in der Bildenden Kunst des 20. Jahrhunderts, in: Gymnasium 107 (2000), S. 25-71

F. Roser, Die vier Weltalter in Ovids Metamorphosen (Met. I 89-150), in: AU 13/5 (1970), S. 54-77

W. und W. Schindler, Die Sintflut im Alten Testament und bei Ovid, in: AU 40/3 (1997), S. 36-51

E. A. Schmidt, Ovids poetische Menschenwelt. Die Metamorphosen als Metapher und Symphonie, Heidelberg 1991

J. Stroux, Ovids Metamorphosen und ihre Behandlung in der Schule, in: Jahrbuch des Vereins Schweizerischer Gymnasiallehrer 1919, S. 170-177, abgedruckt in: Michael von Albrecht, Ernst Zinn (Hg.), Ovid, Darmstadt 1968 (Wege der Forschung 92), S. 315-321

K. H. Töchterle, Ovids Weltalter. Eine textlinguistische Interpretation, in: AU 28/1 (1985), S. 4-15

G. Vögler, Der Begriff der „Metamorphose" bei Ovid, in: AU 18/1 (1975), S. 19-36

H. Walter, H.-J. Horn (Hg.), Die Rezeption der *Metamorphosen* des Ovid in der Neuzeit: Der antike Mythos in Text und Bild; internationales Symposion der Werner-Reimers-Stiftung, Bad Homburg v. d. H. (22. bis 25. April 1991), Berlin 1995

H. Wimmersdorf, Einige Betrachtungen zu Orpheus und Eurydike in antiker und moderner Dichtung, in: Gymnasium 64, 1957, S. 340-346

J. Wöhrmann, Ein für alle Male ist's Orpheus, wenn es singt. Eine mythischmythologische Gestalt in Text und Bild, in: AU 40/3 (1997), S. 21-35

Internetadressen

WWW-Server zum Thema ‚Schule und Unterricht'

Deutscher Bildungsserver:	www.dbs.schule.de
Schulen ans Netz e. V.:	www.san-ev.de

Latein

KIRKE/Katalog der Internetressourcen für die klassische Philologie aus Erlangen:
www.uni-erlangen.de/p2latein/kirke/kirkerah.html

Orientierungshilfen für die Klassische Altertumskunde aus Kiel:
www.uni-kiel.de:8080/ubFaecher/alt.html

Online-Magazine zur Altertumswissenschaft aus Konstanz:
www.uni-konstanz.de/ZE/Bib/zs/zsant.

Romulus-Projekt:
www.ccat.sas.upenn.edu-romulus/ (noch im Aufbau begriffen)

Imperium Romanum:
www.romanum.de

Latein-Kultur:
www.kreienbuehl.ch/lat/latein/kultur/kulturx.
www.w-4.de/tbhahn/latlink.

Latein Forum - Römisches Leben:
A-K: www.lateinforum.de/roemer2.
K-W: www.lateinforum.de/roemer2b.

Universität Michigan
Der „Klassiker" unter den englischsprachigen Führern durch das Internet:
www.classics.lsa.umich.edu/welcome.html

Library of Congress (engl.):
lcweb.loc.gov/global/classics/claslink

Kentucky Classics – Lateinmaterial für den Unterricht (engl.):
www.uky.edu./ArtsSciences/Classics/schools.

Die Eichstätter Datenbank zur Antike-Rezeption/Kunst:
www.ku-eichstaett.de/SLF/Klassphil/grau/eichst.

Museen – Ausstellungen

Museen und Ausstellungen im deutschsprachigen Raum:
www.WebMuseen.de

AERIA – Antikensammlung Erlangen (Virtuelles Museum):
www.phil.uni-erlangen.de/-p1altar/aeriahome

The Artchive (engl.):
www.artchive.com

Site officiel du musée du Louvre (engl., franz., span.):
www.louvre.fr

The Museum of Modern Art (engl.):
www.moma.org

Kataloge

Yahoo:
www.yahoo.de

Dino-Online:
www.dino-online.de

Web.de:
www.web.de

Suchmaschinen:

Alta Vista:
www.altavista.de

Google:
www.google.de

Lycos:
www.lycos.de

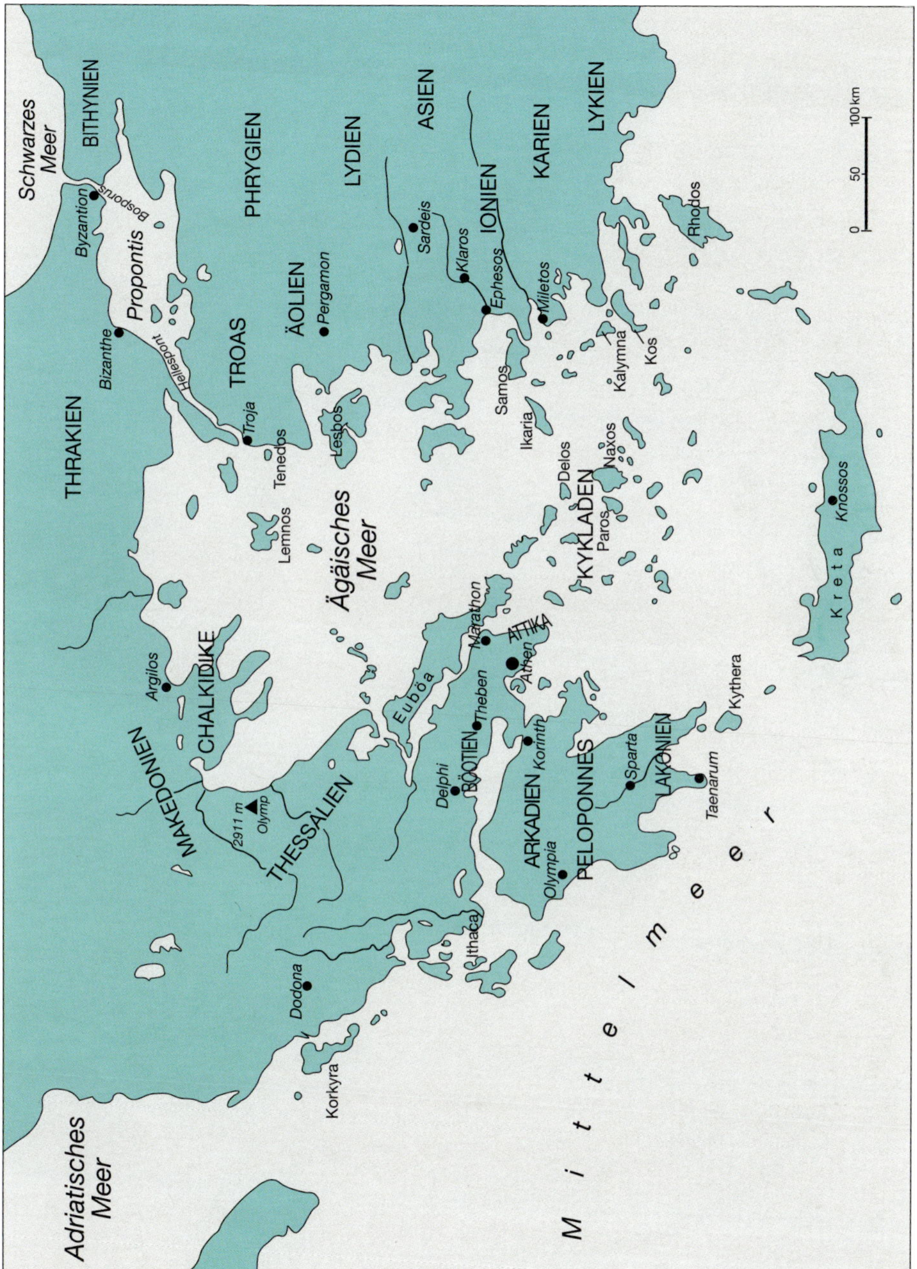

Die griechische Welt

Zu „Europa" (Met. II 836–875):
Der Raub der Europa (Max Beckmann, Leipzig 1933)

Zu „Daedalus und Ikarus“ (Met. VIII 183–235):
Stürzende Figur (Allan Jones, 1965)

Zu „Pygmalion“ (Met. X 243–297):
Der Versuch des Unmöglichen (René Magritte, 1928)

Zu „Midas“ (Met. XI 85– 145):
Dionysos mit seinem Gefolge (attische Amphora des Kleophrades-Malers, 500/490 v. Chr.) → Siehe auch S. 152.